崇文重教：香港新界客家
歷史與文化

U0103386

蕭國健　著

自序

　　近年，粵港澳大灣區（簡稱大灣區）蓬勃發展，該區包括廣東省九個相鄰城市：廣州、深圳兩個副省級市、珠海、佛山、東莞、中山、江門、惠州、肇慶七個地級市，香港與澳門兩個特別行政區。香港地區納入大灣區，未來將另有一番發展。

　　際此歷史嬗變時期，吾人有必要進一步認識香港之歷史、文化、古蹟、文物、社會風俗及民間信仰，以探究歷史之走向，認識前人之辛勞，激發愛國愛鄉之熱情，增強民族自信心與自豪感，從而利於日後之社會建設。

　　今年初，三聯書店給我提出了一個出版計劃，就是將筆者作品編為一套集子。我覺得這個建議很有意義，所以馬上接受了出版社的好意。這套集子將涵蓋香港地區之歷史、文化、古蹟、文物、社會風俗及民間信仰等方面內容，冀能成為有價值之文化積累。

蕭國鍵

2022 年仲冬月於顯朝書室

目錄

前言

客家人的歷史　CHAPTER 01

客家人入遷
港深地區　CHAPTER 02

客家人入遷
香港　CHAPTER 03

民居 CHAPTER 04

客家教友村莊 CHAPTER 05

客家鄉約　CHAPTER 06

客家文物　CHAPTER 07

客家作業
與風俗　CHAPTER 08

前言

　　香港新界地區位於廣東省南陲，鄰接深圳特區，歷代皆中國屬土，早於宋明期間，中原人士相繼遷入，開村立業，清初雖一度離去，數年後亦多遷回復業。至乾嘉間，鄰近客籍人士大量遷入，開村立業。英人東來時，香港地區已有眾多客籍村莊，人口且日漸繁衍，內陸者多以樵農為業，濱海者多務漁農。此等客籍人士，多自其原居地帶入其傳統生活習慣、風土文化及宗教信仰，因致香港地區之客籍華人文化多姿多彩。

　　我隨羅師元一（香林）習香港史及族譜學，繼師事林天蔚師習方志學，學成後，與德國名漢學家傅吾康教授（Wolfgang Franke）及前香港新界政務署長許舒博士（James W. Hayes）等交往，各氏對我立志研究新界客家文化及所得的成就，影響甚大。20世紀末，我在香港珠海書院任教香港史，以坊間多香港近代史及掌故等書籍資料，而本港新界客家文化的研究卻甚為缺乏，促使我生起研究香港新界客家歷史及傳統文化之念。

　　蒙內子譚肖荷女士、門人黃志培、羅維貞伉儷及各界好友之助，我對香港新界華人的客家傳統風俗文化，作深入探索，於工

餘間，常往新界各地，作田野考察，抄錄碑銘，拍照記錄，並與鄉村父老長者交談，蒐集資料，歸家後以中英地方志乘、族譜及家族紀錄、出土文物、現存古蹟文物、野外及公私建築所存之銘刻文等資料，研究區內的客家文化及鄉村的發展，並為之撰文記錄。今輯集成書，題名為「崇文重教：香港新界客家歷史與文化」，希望讀者能對本港新界的客家文化，有較深入的認識。

因近年香港新界各區的發展，部分客家傳統文化或已湮沒，有等雖被保留，惟原貌或已遺失，書中所載，可作歷史性的記錄。書中不足之處，敬希惠予賜正。

蕭國健
2023 年初夏於顯朝書室

※ 客家人的歷史

CHAPTER 01

客家人的六次大遷徙

　　客家人，又稱客家民系，為中國江西、廣東、福建等地之漢族民系，其祖先源自中原，因避戰亂而遷徙到南方，與閩、粵、贛三地的古越人遺民混合同化。其文化一方面保留中原文化主流的特徵，另一方面又容納所在地民族的文化精華。清代之前，無客家之稱，而只有土籍、客籍的區別。其稱謂源於清朝道、咸、同間（1821-1875），時廣東四邑地區的土籍、客籍相互爭鬥，四邑族群以地主自居，冠予客籍者客家的稱謂。

　　客家族群祖述中原，自稱的中原祖籍西至隴右，東至齊魯，北至燕雲，南至荊楚，中至晉、豫、川、陝、江、淮，包含很廣闊的地域。其遷移的原因，基本為人口內部膨脹，耕地不足，致糧食供應不足，外族入侵，連年戰亂，加上天災禍害，對經濟造成破壞，賦役制度又不合理，為尋求生存空間，獲血緣關係互相

牽引，遂出外謀生，移入閩粵及海外，開墾土地。因歷代北方動亂不安，客家人歷經多次大遷移，從黃河流域中原地區南遷，練成堅毅不屈的開拓精神。

客家群居之勢強者，自成村落，成封閉集團，語言風俗不易改變，客家意識強。客家之力弱者，被強大土著包圍，難維持自己風俗習慣，語言也被同化，客家意識自然淡漠。

第一次大遷徙

秦代，始皇帝併吞六國，統一天下，為防異族入侵，乃派遣大軍到廣東北部駐守，後且徙民其地，使與越人雜處。始皇死後，此等軍民留居嶺南，與越人融合、同化。其後代子孫，有被稱為「北江客人」或「先客」。這是「客」稱謂之首次出現。

第二次大遷徙

西晉永康元年（300）「八王之亂」後，繼於永嘉年間，中原陷入「五胡亂華」的動盪局面。西晉王朝滅亡後，大批貴族名流及平民百姓（客家先民）紛紛往江南遷移，渡過黃河，自河南沿長江下皖贛及鄂豫南部，首先於福建、江西及安徽居停，其前鋒抵達今廣東梅州大埔。東晉及南北朝間（317-589）為安置中原移民，專門設立了僑州、郡、縣，予以各種優待，行「給客制度」，入居者稱「僑客」。

第三次大遷徙

唐朝自「安史之亂」後，歷藩鎮割據局面，國勢日衰，加之中原災荒連年，民不聊生。不久，爆發王仙芝及黃巢之亂，迫使客家先民中的佃農客戶，遷移到安徽南部、江西東南部、福建西部及南部、廣東東部及東北邊界等地區。據客家族譜記載，這時期的移民，避居福建寧化石壁洞者不少。這次南遷，延續至五代時期，歷時九十餘年。

第四次大遷徙

1127 年，金兵攻佔北宋都城開封，宋高宗南渡，於臨安（今杭州）建立南宋，不少民眾隨之南遷。南宋末年，元人入侵中原，處於黃河流域的漢族族群，為躲避戰亂，又一次渡江，南遷贛、閩、粵三地交界處，與當地土著居民雜處，互通婚姻。隨後，元兵南逼贛、閩、粵交界處，客家兒女紛紛從軍抗元，犧牲壯烈。

元明間，早先遷入此地的客家人，為尋求安寧環境，又繼續南遷，進入粵東梅州、惠州一帶。因這時戶籍有「主」、「客」之分，移民入籍者皆編入「客籍」。而「客籍人」遂自稱為「客家人」。明代，原籍閩西或粵東北流民因被鎮壓，未能遣返原籍，只好就地安置，稱作新民或客家，其時亦有稱為流寇、流賊、流寓、佃客、客籍等。

第五次大遷徙

清初滿族入主中原後，福建及廣東客家節義之士舉義反清，失敗後被迫散居各地，部分隨鄭成功到台灣。其時，贛、閩、粵邊區的客家人，經二百多年的發展，人口大增，而當地山多田少，耕殖所獲，不足供應生活所需，乃思向外發展，適逢清初康熙年間發起「移湖廣、填四川」的移民運動，於是，由中原移居粵北、粵西及贛南地區的人民，又大量遷往粵中及濱海地區，亦有遷四川、廣西、湖南、台灣等地者，且有一小部分遷到貴州南部及西康的會理。

遷海後，各地舊荒未墾，新荒又生，朝廷於亂事漸息的同時，需安插閩海鄭氏舊部及三藩舊部，着手恢復社會經濟，故多次頒佈募墾令，招佃墾荒，屯田賃耕，先代耕，後定居。以康、雍、乾三朝為高潮，人多應募入墾。遷入留墾者呼引朋類，招邀同業同鄉之人。先遷入的募墾者，據荒田多的平坦肥沃之地，成自耕農，插桿以為標記，晚來者則只有墾山開荒，或賃耕山地。時土著佔平原沃地，客家居偏僻山區。客族遂自閩、粵、贛三省交界的三角區地區，大量入遷華南各省，初移入粵北連平，再經大餘遷入廣東內地，繼以梅州、惠州、汀州等地為基地，分遷至華南各省、四川及貴州南部。其後閩、粵、贛交界處經濟復興，人口繁衍，山區不足以發展，遂南下西遷，入珠江三角洲、廣東西部沿海，其中即包括港深地區。

第六次大遷徙

　　清朝咸豐、同治年間（1850-1875），洪秀全領導的太平天國
運動以客家人為基本隊伍，輾轉征戰十餘年。太平天國義軍被剿
滅後，百姓紛紛逃匿。在此期間，粵中廣西地區客人人口日增，
與原居民產生矛盾，發生持續十二年的土客械鬥（1856-1868），
清政府為解決土客之爭，特劃出台山赤溪地區，以安置客家人。
動亂使得客家人開始又一次大遷徙，分別由廣東中部的新興、台
山等地，遷到廣東西部的高、雷、欽、廉各州，及海南島與廣西
地域，甚至飄洋過海謀生。

客家重鎮

　　一般認為，客家大本營為客家四州，包括江西贛州、福建汀州、廣東惠州及廣東梅州。

「客家搖籃」贛州

　　贛州歷史悠久，五千年前已有先民生息繁衍。早在公元前 214 年便有郡縣建置。唐時，贛南成為「五嶺要衝、粵閩咽喉」。贛州是客家人的主要聚居地及發祥地，對客家民系的形成影響深遠，全市百分之九十五以上為客家人，被稱為「客家搖籃」。目前贛州海外僑胞及港、澳、台胞在政治、經濟、學術上知名人士甚眾。

「客家祖地」汀州寧化石壁

　　汀州寧化石壁是客家民系形成的中心地域；汀州府是著名的

客家祖地，有「客家首府」美譽。國內各地客家居民，大多追溯汀州府寧化縣為先祖居處。清朝時，汀州府所管轄的八縣皆福建客家人，該府籍華僑尤以籍貫長汀縣最多。汀江下游接通梅江，故有「客家母親河」之稱。

寧化縣在福建省西部，縣屬石壁村被視為「客家祖地」，也被稱為「客家文化、語言之搖籃」。該縣政府現駐翠江鎮，故寧化又稱「翠城」。惜原汀州府各縣，如今已分別由三明市及龍巖市代管。

「客家僑都」惠州

因海外客家華僑祖籍地多為舊日的惠州府，所以惠州又被稱為「客家僑都」；惠州一名，包括歸善（今惠州）、博羅、長寧（今新豐）、永安（今紫金）、河源、連平、龍川、海豐、陸豐、和平縣，在海外客家僑界的知名度最高。據統計，惠州客家人聚居的鄉鎮有六十三個，惠州市（含惠城區、惠陽區）為客家人比較集中的聚居地。境內除惠東部分鄉鎮使用潮汕方言外，絕大部分人都使用惠州客家方言。

「世界客都」梅州

海外客家籍華僑之中，祖籍嘉應州（今梅州）的人數僅次於惠州府。1988 年以後，嘉應州改稱梅州市，並管轄原來不屬於嘉應州的大埔、豐順兩縣。梅州轄今梅江區、梅縣區、興寧市、

五華縣、豐順縣、大埔縣、蕉嶺縣、平遠縣共二區一市五縣。國內各地客家居民多以嘉應州（今梅州）為祖籍所在地，故被稱為「世界客都」。有號稱「梅州人母親河」的梅江。

梅州市含梅江區及梅縣區，為客家人比較集中的聚居地，其久遠的歷史，形成濃郁而有特色的地方文化，素有「華僑之鄉」、「文化之鄉」美譽。自隋開科取士，梅州人即有致力於此者。宋時起，參加科舉人數為全國之冠，清朝乾、嘉年間（1736-1820），讀書人佔總人口三分之一。該地以梅州市區梅城口音的客家話為主要語言。境內除豐順縣的湯坑、湯南、留隍、東留等四鎮居民使用潮汕方言外，絕大部分人都使用梅州客家方言。

「千年客家古邑」河源

河源為客家先民的始源地，為東江流域客家人的聚居中心，故被譽為「客家古邑，萬綠河源」。河源市轄一區五縣，包括紫金縣、龍川縣、連平縣、和平縣、東源縣。以漢族客家人為主，畬族為第二大民族。其風俗習慣基本漢化，但仍保留其自身的風俗習慣，如崇尚武功等特點。除客家人及畬族人外，其他人口主要為壯族和苗族等少數民族。大多數地區通行客家話。文化以客家文化為主。

河源地區的客家人於南宋至明期間進入贛閩粵地區，明末清初以後，受清初遷海政策影響，北方移民不斷遷入，客家方言區人口激增，客家大本營的居民再次向外遷移，其中大量粵東客家

人及少量贛南人進入河源一帶，再經由東江遷移至珠三角丘陵地區，由此延伸了長達數百公里的客家居民區，形成今天東江本地話方言區，也有閩南語方言島存在，區內若干村落通行閩南語。

客家驛道

贛閩古驛道

贛閩古驛道位於江西石城縣城北廓頭街，始建於南宋紹興年間（1131-1162）。古驛道長約七百米，寬兩至三米。順琴江水南北通向，分上、中、下三段。該古驛道從石城縣小松鎮到縣城廓頭街、縣城北門、縣城南門、東南寶福塔、大畲將軍橋、大畲通天寨，直到武夷山寧化石壁交界處。

驛道北端有石城舊城北關門樓，名威武門樓，舊稱鎮武行祠，始建於明萬曆三十八年（1610），門額上刻有「閩粵通衢」四個大字。清康熙十五年（1676）重修，改稱元帝閣；乾隆四十九年（1784）復修，加勒其名於門額，並改稱鎮武樓。街上還有多處古廟、拱橋、水井、古建築遺蹟。

這古驛道通體由鵝卵石鋪設，據客家學者研究，當年，從北

贛南古驛道（粵贛古道）

方扶老攜幼而來的客家先民，正是以石城縣為中轉，從石城的古驛道，越過這一帶低矮的武夷山，進入汀州府寧化縣石壁村，然後在石壁生息繁衍，並遷播汀州各地，最終在汀江兩岸形成客家民系。

粵贛古道

粵贛古道，是指位於廣東省東北部、古代連接贛粵兩省的通道，包括水路及陸路，官道及民間古道。粵贛古道由北至南：從和平縣西部浰源鎮，通往東南部的熱水鎮、青州鎮，向南通往連平縣繡緞鎮、大湖鎮、三角鎮、高莞鎮、忠信鎮，穿越東源縣順天鎮、澗頭鎮、雙江鎮，直至河源市區茶山公園，與水域相貫通。此外，粵贛古道支道眾多，呈網狀分佈。

粵贛古道最初為南宋期間河源縣大湖鄉石馬村謝志鴻帶領的商隊所行走的貿易通道，後為方便與外地連接，由謝氏斥資，官府承名，修築了大湖至和平縣青州鎮、熱水鎮、浰源鎮，連接江西省龍南縣，再分叉轉道定南縣、贛州及湘南等地的古道。宋度宗時期，文天祥被委任為贛州知州，對謝志鴻修築古道、推動粵贛商貿發展之舉，大加讚賞。明弘治至正德年後，古道一度廢落。近年重新修建，沿線各地的人文自然景觀將得以重現。

※客家人入遷港深地區

CHAPTER 02

明代之前　港深地區客族的入遷

　　香港及深圳地域的居民，多來自中國內陸，長途跋涉，徙居不易，其南徙之由，多因中原變故，或於原地無法維生而致。此等居民多屬中下階層，其南遷時，雖或有攜帶宗譜，惟因寇亂及遷海，宗譜多已失散。故部分遷移情況，只能根據其父老長者的記憶，難免有傳聞失實之處。

宋代入遷的家族

　　宋代以前，港深地域已有中原人士居住，惜除考古所得的資料外，並無文獻典籍可考。在今深圳鄰近的西鄉、福永、沙井及松崗等地，新發現新石器時代遺址十一處，青銅時代遺址六處及六朝墓葬區八處。香港地區於多個離島上亦有十數新石器時代遺址發現，惟青銅時代及六朝時代者則未見。從六朝墓地出土的文

物中，部分與中原同期出土的文物類同，可證其時已有中原人士入居。當時遷居深圳地區者較居香港者為多，實因其較接近南頭城（按：即唐之屯門鎮治所）之故。惟至趙宋期間，中原多故，北方家族相繼南遷避亂，因致港深地域人口驟增。其時，入遷家族之可考者，有下列各姓：

姓氏	原籍	遷移途徑	棲止地域及年代
文	四川成都	江西永新—惠州	深圳黃松崗（宋末）
林	福建莆田	惠州—東莞	九龍莆崗（北宋）、林村坑下莆（宋末）
侯	廣東番禺	／	深圳谷豐（宋末）
陳	江西廬陵	惠州	深圳沙井（北宋）、燕川、荷坳（宋末）
陳	福建莆田	南雄—惠州	深圳沙井衙邊村（南宋中葉）、公明水貝（宋末）
梁	／	東莞	深圳公明李松塱（宋末）
麥	／	南雄—東莞	深圳靖康烏沙橋（宋末）
莫	／	東莞坳頭	深圳公明玉律（宋末）
陶	江西鄱陽	廣西鬱林—廣東寶安	元朗新田（宋末）
曾	福建晉江	南雄—長樂—歸善—東莞	深圳沙井新橋（宋末）
溫	河南洛陽	新會—東莞	深圳西鄉（宋末）

黃	/	東莞	深圳福田（南宋紹興年間）
劉	/	中山	深圳塘下涌、南頭新圍
鄧	江西吉水	陽春—東莞	新界岑田（北宋）、大埔頭、竹村、黎洞（宋末）

元代入遷的家族及境內家族的分遷

元代入遷之可考者，有下列各姓：

姓氏	原籍	遷移途徑	棲止地域及年代
吳	福建寧化	惠州—東莞	九龍城衙前圍（元末）
彭	江西慶陵	潮州—東莞	粉嶺（元末）
黃	福建莆田	江西—惠州、東莞	深圳南頭（元至元年間）
廖	江西寧都	福建汀州—東莞	深圳福田、上水鳳水（元末）
鄭	南雄保昌	東莞東鑑	深圳南頭、西鄉（元中葉）
劉	福建寧化	潮州—惠州	深圳流塘（元初）

其時，宋末定居的家族，人口日增，遂分遷鄰近地域，開基立業。

姓氏	分遷建村地點	分遷年代
文	大埔泰坑、新田仁壽圍	元元統年間

侯	上水河上鄉		元末
陳	深圳梅林、沙湖塘角		元中葉
陳	深圳后亭、灶下、壆崗		元初
陶	新界屯門		元末
麥	深圳周家村、合水口、咸西、增田		元正統年間
鄧	新界龍躍頭、屏山		元初

明代入遷的家族及境內家族的分遷

明代期間，港深地區經濟日漸發達，入遷人數大增。可考者，有下列各姓：

姓氏	原籍	遷移途徑	棲止地域及年代
何	廬江東鄉	連州—番禺—南雄—東莞茶山	深圳坭崗、笋崗松園下、員頭山（明初）
胡	福建汀州	潮州—惠州	新界錦田逕口（明中葉）
徐	江西南昌	廣州—新安	大嶼山石壁、梅窩、新界攸田村（明末）
袁	江西信豐	東莞溫塘	深圳羅湖（明初）、新界泰坑、黎洞、大嶼山梅窩、大鵬石橋頭（明末）
陳	福建寧化	潮州—新安	新界葵涌（明中葉）
張	福建福清	惠州—東莞	大鵬九墩嶺下（明洪武二年）、黃貝嶺（明永樂年間）深圳隔塘、西湖貝、南頭倉前（明中葉）

葉	福建寧化	龍川—南雄—嘉應州—海豐	深圳南頭松園下（明中葉）
趙	福建龍溪	惠州—東莞	深圳石廈（明末）
賴	/	/	深圳羅田（明中葉）
歐陽	江西廬陵	東莞	大鵬王母水貝（明中葉）
蔡	福建莆田	南雄—東莞	松崗沙浦（明初）
黎	江西贛州	博羅—東莞	新界大浪西灣（明成化年間）、蠔涌、塔門（明末）
謝	/	南雄—東莞	新界沙角尾（明崇禎十六年）
蘇	/	東莞濠崗	深圳南頭白石（明末）

其時，前代遷入的家族，人口亦日漸增加，故分遷鄰近地域，建村立業。

姓氏	分遷建村地點	分遷年代
文	深圳報美、嶺下、白石下、涌頭、雙頭田、潭頭、崗廈	明初
林	深圳南頭、新界屏山石步	明中葉
陳	深圳仙溪、車村、坡頭肚、松元角、仙人嶺	明中葉
彭	新界粉壁嶺、北村	明萬曆年間
溫	新界西貢蠔涌、北港	明末
黃	深圳西鄉上合	明中葉

廖	新界丙岡橫眉山、隔田龍眼園	明中葉
廖	新界上水圍、烏溪沙	明萬曆年間
鄭	深圳血南、西涌、白沙、上步、巷前、塘朗、留仙洞、大涌、莘塘、涌下、田下、梅林	明末
鄧	新界廈林、輞井	明洪武年間
鄧	大嶼山塘福、新界官涌	明末

定居港深地區家族的特徵

從上文各朝北方家族入遷香港及深圳的情況來看，可歸納出下列數點特徵：（1）遷入的家族多因中原變亂，及於其地無法維生而遷移。據深圳及香港新界地區的文氏於其族譜中所云：其始祖文璧及文天瑞，皆原籍江西，蒙古人南下，二公隨文天祥於惠州抗元，兵敗後始率族人隱居深圳嶺下，其後再分遷；又新界烏蛟騰李氏，其始祖原籍福建上杭，因避軍籍，故遷新界地區；沙田山圍曾氏，則因在廣東長樂無法維生，遂與兄長同遷今九龍茶果嶺，後以打石致富，始於沙田今山廈圍地方，營建大屋。其他族姓之入遷港深地域的原因，亦多與上述略同，僅選上述三例為證。（2）入遷者多原籍江西或福建，此或因宋朝偏安江南，北方家族於其時多隨之南遷所致。（3）遷移途徑多沿江南下，經潮州、惠州兩地，而下深圳。（4）清代之前，此等家族多先居停深圳。蓋明代期間，沿海寇患甚烈，加以海防薄弱，故民多避居內陸。明末，港深沿海地域常受寇患威脅，其較著名者有林道乾、

何亞八、林鳳、李魁奇及劉香等。其初，朝廷於境內東部創設大鵬守禦千戶所，西部設東莞守禦千戶所。後以寇患甚烈，遂於萬曆十四年（1586）置南頭寨，轄六汛地，以官船巡哨，惜防守力仍覺不逮。

清代入遷的客族及境內客族的分遷

　　清初遷海，民皆盡遷內陸，香港全部及深圳部分村莊田宅，悉被焚棄。康熙八年（1669）後始得展界，港深地區的居民遂陸續遷回；惟原日住民喪亡甚眾，且舊地荒廢多年，難於復墾，故遷回者甚少。

　　康熙二十三年（1684），朝廷下詔鼓勵刻苦農民入遷墾殖，故廣東之東、西，韓江流域及閩贛二省的客籍農民，相繼入遷，於各處定居。今舉譜牒中所見及考察所得錄於後，以供研究。

姓氏	原籍	遷移途徑	棲止地域及年代
刁	福建寧化	惠州	新界荃灣新村（清中葉）
丘	福建寧化	潮州—惠州	深圳麻雀嶺、新界樟樹灘、赤泥坪、沙頭角（清初）
朱	江西吉水	惠州	新界竹坑老圍、石湖、鹿頸（清初）
朱	江西寧化	惠州	港島石塘嘴、鶴嘴、九龍沙挖埔、大磡（清中葉）
成	／	潮州	新界林村、大水坑（清初）、新界孟公屋（清乾隆十年）、榕樹澳（清道光初年）
何	江西寧化	潮州—惠州	大嶼山杯澳（清初）、東涌、大蠔（清乾隆年間）、大埔三門仔
李	福建上杭	潮州—惠州	新界烏蛟騰、錦田蓮花地（清康熙三十九年）、深圳土洋、屯洋、新界大朗、船灣涌尾、掃管笏（清初）、新界蓮澳、深涌、塔門、亞媽笏、桔海西澳、大嶼山、荃灣大屋圍、沙頭角南涌（清乾隆年間）、新界沙田作壆坑（清道光三年）、沙田頭（清道光八年）
吳	福建寧化	曾城	新界沙頭角（清初）
邱	福建寧化	潮州—惠州	新界林村梧桐寨、大埔樟樹灘（清中葉）
俞	／	／	新界大埔汀角（清中葉）

凌	/	惠州	九龍鶴佬村、圓嶺村（清乾隆年間）
馬	福建寧化	潮州—惠州	新界碗窰（清中葉）
翁	福建莆田	潮州—惠州	新界白沙澳海下（清嘉慶十六年）
陳	福建龍溪	南雄—新會—東莞	新界元朗鳳池鄉（清中葉）、林村（清末）
陳	江西大和	潮州—惠州	新界青衣、涌尾、鹽田角（清初）
陳	福建寧化	潮州—惠州	新界荃灣老屋場（清乾隆二十二年）、荃灣三棟屋（清乾隆五十一年）、新界鹿頸、大埔、荃灣（清乾隆年間）、新界九龍坑、社山（清中葉）、新界林村（清末）
張	福建和平	潮州—惠州	大嶼山長沙、水口（清康熙六年）、貝澳老圍（清康熙八年）、新界荃灣老圍（清雍正年間）、大埔沙羅洞（清道光年間）
郭	福建上杭	潮州	大嶼山白芒（清初）
傅	福建汀州	潮州—惠州	新界荃灣青快塘、深井（清中葉）
馮	/	/	九龍馬頭圍、大嶼山石壁、墳貝、水口（清初）
溫	江西石城	潮州—惠州	新界大埔陶子峴、荃灣柴灣角半山村（清中葉）

溫	福建寧化	潮州—惠州	新界担水坑（清初）、榕樹澳（清中葉）
黃	福建寧化	潮州—惠州	新界沙田小瀝源（清初）、大水灣（清乾隆三十八年）
黃	河南開封	福建—惠州	新界荔枝窩、鎖羅盤、白沙灣新村（清中葉）
鄒	/	/	大嶼山大蠔（清中葉）
楊	/	潮州—惠州	九龍荔枝角（清乾隆二年）、荃灣沙咀楊屋村、油柑頭、元朗水蕉圍（清中葉）
葉	福建寧化	龍川—南雄—潮州—惠州—東莞	新界蓮麻坑（清康熙四十九年）、荃灣青快塘（清乾隆十年）
翟	/	東莞	九龍馬頭圍（清中葉）
鄭	福建永安	潮州—惠州	新界荃灣城門圍（清康熙十九年）、元朗大井圍（清初）
鄧	福建寧化	潮州—惠州	新界青衣藍田（清康熙九年）、橫台山（清康熙二十七年）、荃灣、禾坑、馬尾吓（清初）、葵涌禾塘咀（清道光年間）、馬灣、下葵涌（清中葉）、荃灣海壩（民初）
鍾	/	南雄—東莞	新界屯門廣田圍（清初）、林村、大嶼山石壁、梅窩（清中葉）

姓			
鍾	江西贛州	潮州—惠州	新界林村坪朗、大崦山（清康熙四十八年）、田寮下、坪山（清雍正年間）、元朗大旗嶺、西貢魷魚灣、玉竹山（清乾隆年間）、荃灣梅壩村（清道光年間）
藍	福建福清	潮州—惠州	新界東和壚鹿頸圍（清初）
羅	湖北襄陽	潮州—惠州	新界八鄉橫台山（清初）
顧	江南無錫	新興—新會	香港仔鴨脷洲（清光緒年間）

　　復界後，部分深圳及香港地區的前代居民，相繼遷回故土，重建家園。其後人口日增，遂復分遷鄰近地域，開村立業。可考者，有後列各姓：

姓氏	分遷建村地點	分遷年代
林	新界元朗祠堂村	清初
侯	新界丙岡	清初
侯	新界金錢、燕崗	清乾隆年間
侯	新界鳳岡	清道光年間
胡	新界馬鞍崗	清康熙年間
胡	新界元朗八鄉、大杭涌、九龍莆崗	清中葉
徐	大嶼山梅窩草朗尾	清乾隆二十三年

陶	新界屯門黃崗圍、麥園圍、屯紫圍、永安、大園	清乾隆年間
陶	新界屏山、水邊圍、水邊村、沙江圍、白沙村	清中葉
彭	新界粉嶺圍、掃桿埔	清初
曾	新界上麻嶺、大嶼山梅窩鹿地塘	清中葉
曾	新界荃灣九華徑	清末
溫	新界龍躍頭	清初
黃	長洲	清乾隆年間
趙	新界元朗、新田	清初
廖	大嶼山	清初
鄭	新界元朗牛徑	清中葉
黎	新界大浪西灣、坭滘	清初
黎	港島筲箕灣	清中葉
劉	新界粉嶺、沙田大圍、蠔涌、粉嶺禾坑	清初
劉	新界吉澳新圍仔、大埔舊墟	清乾隆年間
劉	新界馬尾吓簡頭、鶴藪圍、茅田仔、蓮麻坑、徑肚、禾徑山、大環頭（富合灣）、屯門小坑白沙圍、九龍元嶺村	清中葉
鄧	新界屯門紫田村、新生村	清末
蘇	九龍長沙灣茅田村	清乾隆四年

結語

　　香港及深圳地區本是疍、傜、越等土著聚居之所，唐宋以來，北方家族始見遷入；宋亡後，南人避遷區內者日眾；歷元、明、清三朝，亦繼有不少北方家族遷入，使該區得以發展。

　　清初遷海，居民全數被迫搬離港深地域，復界後，民始樂於重回故土，再建家園。遷海期間，遷移他邑者，中有落籍他鄉，無意遷回；亦有客死途中及異地者，故遷回者少。後在官方鼓勵之下，外地入遷者漸多，尤以廣東東、西、韓江流域的客籍人士為眾。

　　他們於原居地生活艱苦，故南遷港深地域，尋找較佳土地以改善生活。除此，部分廣府居民，因欲獲得官方對客籍移民的優待，故亦自稱為「客家人」；因致如今香港新界地區的住民，多被稱為「客家人」。據調查所得，今元朗、錦田及部分離島族

姓，其祖原於明代已遷居港深地域，但於遷海時離去，復界後遷回，惟有等竟也自稱為「客家人」。如今大嶼山貝澳及東涌何氏及上水華山廖氏，部分自稱「客家人」，其他地區亦有例證。

其時，因沿海寇患頻繁，入遷者只得建圍牆自保，故有圍村及圍屋的建築。港深地區的圍村，最早者約建於清康熙年間（1662-1722），其著者有錦田的吉慶圍，其形制與廣東沿海地區的廣府圍村同。乾隆以後，客家人士入遷日眾，其圍屋的形制，與東江一帶相同，其著名者有建於乾隆年間（1735-1796）的荃灣「三棟屋」、建於嘉慶年間（1796-1820）的龍崗羅瑞合村「鶴湖新居」、建於道光年間（1820-1850）的坪山亞媽湖田瑕心村「龍田世居」、建於同治年間（1862-1874）的沙田山廈圍「一貫世居」，以及建於民國初年的上水松柏塱「江夏世居」。

外地入遷者多於原有村落鄰近立業，或於山麓間開墾，此對原居者的利益有損，因而導致主客之爭，甚而引發械鬥。主客之爭可以深圳龍崗墟主權之爭為一例證。該地宋末已立墟，墟主為橫崗荷坳陳氏，惟至乾隆年間，梅縣、興寧、五華等地遷入的客籍人士日眾，道光年間，陳氏於墟內地位日漸低落，光緒七年（1881），該墟主權為客籍人士所有，且於是年名之為龍崗墟。其後，歷數代，主客已能相安發展，且有通婚、聯盟，共拒外敵。

如今香港新界及深圳地區能得以發展，主客兩族合作之功，實為至要。

※ 客家人入遷香港

　　早於兩漢間，中原人士已開始南遷，其定居香港地域的情況則無考。至魏晉南北朝時，南遷者獲客籍，但有否入遷香港地區，則仍待考證。至隋唐及五代，入遷的情況亦尚未有紀錄。

　　唐代及五代間原居江西、福建等地的客籍人士，於北宋末年，為避金人入侵，多避亂南遷粵東各地，其入遷香港地域者，有鄧、彭、林三族。

　　元代間，因蒙元統治而避居香港者，有廖、陶、侯、吳、文等族。

　　明代，早年入遷各族人口繁衍，故亦有於境內分遷，開村立業。其時，因境內天氣溫和，漁農出產豐富，社會安定，故能吸引鄰近地區人士入遷。可考者，有溫、袁、朱、黎、徐、謝各族。

上述期間入遷定居者，初為客籍，但於本港地區落籍，遂為原居民。明代，因香港地域隸屬廣東省廣州府，故此等客戶遂為廣州府人士，俗稱廣府人，又稱本地人。

清代入遷香港的客族

　　清初遷海，居民全遷內陸，康熙八年（1669）展界，居民被許遷回，康熙二十三年（1684）復界後，因遷回的居民不多，故於雍正初年招墾，鄰近的客籍農民遂相繼入遷香港地域，墾殖荒地。可考者，有胡、溫、羅、黎、葉、何、張、鄭、鄧、鍾、成、文、林、李、黃、楊、邱、陳、馮、藍、蘇、吳、丘、傅、侯、朱、刁、俞、曾、廖、劉、翁、翟等三十三姓族。此等姓族多原籍福建或江西，皆取道潮、惠二州，經惠州淡水，沿沙魚涌、鹽田、大梅沙、沙頭角，抵新界北區，再分遷香港境內各地。如今沿線仍保留有不少客家圍屋，可供研究。此等客家人士皆能刻苦耐勞，抵港後墾闢荒地，聚居成村，多聚居於北區沙頭角、元朗八鄉及十八鄉、沙田、大埔，以及西貢等地。

英佔初期
入遷香港的客族

　　道光二十二年（1842）香港島英屬後，島上進行各種建設，都市發展，故需大量人力。時廣東人士來港經營工商業者日增，就中亦多客人，以木工、石匠等工匠和小商販為主，尤以善於採石的五華人為多。

　　咸豐年間（1851-1861），因太平天國事件，國內居民多避亂南遷，進入香港及九龍地域。太平天國失敗後，部分餘眾退居香港，可考者有森王侯裕田及化名「四眼三腳虎」者，率眾隱居今九龍何文田村之地。

　　同時，廣東西路主客相爭，發生械鬥，部分客人相繼遷入香港避亂。時香港正值發展階段，甚需石材，而島上盛產石料，故能吸引大量石工前來開採，五華及惠州兩地的客人擅長打石，故多遷入，開山取石，有等日後且成巨富。其著者，有五華縣七都

圍的鄧焦六，花名「打石六」；圓瑾村的曾三利（又名貫萬）兄弟，約於道光年間（1821-1850），在香港開設元昌和三利石行，後成巨富，在沙田建有山廈圍（曾大屋）；興寧縣羅崗鎮的袁安成，又名石秀，約於 19 世紀 60 年代在中環碼頭打石維生，開設袁秀記店號，卓有成效，富有盛名；另外興寧的劉三桂、陳瑞山、丘裕和，五華的李瑞琴、楊發利、李浩如等，皆擅長打石。

　　光緒末年，廣東各地篤信基督者日眾，客人信奉者甚多。光緒二十五年間（約 1900），山東義和團排教事起，廣東各地大受影響，香港鄰近地區的客家教友，為保障信仰自由，遂多遷入香港地區，擇地居住。香港新界粉嶺龍躍頭崇謙堂村，即寶安布吉巴色會凌啟蓮及彭樂三等牧師，約集同族及他姓教友，遷入開村並建堂傳教。又港島薄扶林地區曾有小村，名露德圍，亦為伯達尼修院旁露德聖母堂的信眾所建，惜已於 1977 年拆卸。

20世紀初入遷香港的客族

　　1911年辛亥革命後，中華民國成立，大批滿清親貴及官民南下香港，前清遺老及親貴南遷香港，著者有陳伯陶、吳道鎔、張學華、張其淦、汪兆鏞、丁仁長、伍銓萃及賴際熙等。其後經歷軍閥混戰，客籍人士亦有遷入香港避亂者。其間，失敗的軍閥也舉家率眾入居香港，著者有沈鴻英，於元朗沙埔開村，名逢吉鄉，村內有上將府及沈氏家祠，祠內仍存民初官員所贈的牌匾及對聯多幅，可供研究。李福霖則於今大埔林村闢創康樂園。客籍商人於香港境內經商亦眾，他們帶來不少財富，帶動香港經濟發展。華商於香港成立的事業，著者有馬應彪創立的先施公司。此外，不可不提軍閥陳炯明對信仰的改革，將黃大仙信仰傳入香港，並築有黃大仙祠。

　　時因國內軍閥混戰，百業凋零，海外又逢排華之苦，香港社

會較為安定，故不少在港有親屬的客家人（歸僑），紛紛到港謀生，客籍人口由是大增。1925 年省港大罷工，部分華工回轉國內，香港市面一度蕭條。翌年大罷工結束，工人多遷回，香港地區重趨繁榮，加以省港相互依存，工業得以發展。

1937 年七七事變後，中日戰爭全面爆發，1939 年二次世界大戰爆發，香港因不在戰火之中，故政治局勢較為穩定，經濟呈現蓬勃局面，故粵東客家人遷入香港謀生者眾，多操打石、織藤、織布，或經營洋雜、文書等小本生意。興寧縣的曾敬堂、廖藹池等從事藤業，李自蕃、李濟平、彭偉才等開設布業，張岳鵬等經營小本生意。這批人發跡後，繼續接引家鄉故舊親友來港謀生。其時，入遷者為香港帶來極嚴重的居住、糧食、醫療、衛生及治安問題，但不少當時的中國政要名人亦暫居香港避亂，又促成了香港的繁榮。

1941 年 12 月，日軍襲港，最終全港淪陷，香港遂為日人統治。在日佔時期的三年零八個月中，香港糧食不足，境內常有搶掠情況出現。為減輕糧食的壓力，大量人口自香港遷回中國內地避難。時香港各地皆有抗日游擊活動，除對日本佔領軍加以打擊外，亦協助境內的知名人士離開香港，免被日軍利用作宣傳工具。1945 年 8 月 15 日，日皇宣佈無條件投降。9 月 1 日，英國夏愨少將於香港成立軍政府，進行戰後重建工作。1946 年 5 月，前港督楊慕琦重返香港，復任港督。香港歷三年零八個月的黑暗時期，至是始獲重光，離港避亂者陸續遷回。

20 世紀末
入遷香港的客族

戰爭結束，香港各地滿目瘡痍，有待重建，依賴星馬地區運來糧食接濟。光復後不久恢復自由貿易，不少前時回鄉避難的老港客紛紛遷回，又有一大批年青人跟隨親友長輩赴港。故 1946 年初，香港經濟漸次恢復。

1946-1949 年，國共內戰，政局動盪，不少人口南遷香港，其中不乏挾擁巨資的商賈，為香港帶來勞動力和資金。著者有「淘大」的黃篤修。黃氏原籍福建省思明縣，初於廈門鼓浪嶼創辦淘大業務。中日戰爭期間，工廠生產大受破壞，遂將技術人員及設備由廈門總公司逐步調港，其後，且在香港大事拓展業務，並在海外廣設分廠。1947 年，政府取消出口貿易管制，香港重拾自由港地位，加以英國同意香港進入英聯邦體制，獲得英聯邦國家的特惠稅，帶動香港工業發展。同時，政府對南來的商人予

以適當安置，使他們能安心定居置業，開辦業務，促使各行業興盛，故戰後貿易、工業及金融業等均得以重新發展。但因工業發展，工人人數大增，勞資之間產生矛盾，1946 年時曾發生工人罷工的工潮，幸事件不久便告平息，對工業發展影響不大。

1949 年，中華人民共和國成立，英國對新政府亦加承認。其時，國民政府舊日的官民，如興寧縣的李振球、劉定藩、饒亞環等，南遷定居香港，他們帶來大量勞動力及財富，在香港開設工廠及企業，推動香港經濟發展。著者尚有「紡織大王」唐炳源。唐氏原籍江蘇無錫，1923 年在國內興辦實業，頗見成績。1948 年從上海來港，創立南海紡織有限公司，其後並替香港棉紡織品打開歐美市場。

1950-1960 年代，南洋各地的客人，為避當地排華風氣的壓迫，亦集體旅居香港，致令香港經濟發展。印尼排華期間，該地客家人士集體回港，於新界元朗建立崇正新村及八鄉的吳屋村。如田家炳於 1958 年從印尼移居香港，曾憲梓也於 1968 年從泰國返回香港創業。不過，由於入港受限，偷渡或闖關事件時有發生。

其後工業如紡織業、塑膠業、電子業等皆有進展，金融業、地產業亦隨之而興盛，旅遊業及文化事業亦開始發展。20 世紀 70 年代，中國開放，內地人士遷港漸多。至 80 年代，製造業走向國際化，香港成為國際運輸中心、訊息中心、貿易中心及金融中心。期間，政府實施了不少干預的經濟政策，亦建立了法治的社會。

1997 年香港回歸後，更多國內人士遷入，內中包括不少客家人士。此等新近遷入的客家人士，對香港的社會發展，亦起了重大作用。

結語

　　明代之前入居香港地區的客籍人士，歷數代定居開業，落籍
新地，遂轉籍廣東省廣州府，今稱廣府人，前英政府及香港政
府稱之為「本地人」（Punti）；清初復界後遷入者，清政府初給
予客籍，享開墾者的優惠，即香港新界的「客家人」（Hakka）。
1899年後，香港、九龍及新界的客家人及前時定居香港的廣府
人，其於1899年前入居者，於新界地區受1898年中英《展拓香
港界址專條》及《香港英新租界合同》的規約，享有原居民特
權，故被稱為「原居民」。近年，避亂回遷香港而原居南洋各地
的客人，則被稱作「華僑」；因越南政變而來香港者，初被稱作
「船民」；而新近自國內遷來香港者，則稱作「新移民」。上述人
士今皆稱作香港人。

※ 民居

CHAPTER 04

客家排屋、排屋樓、排屋村、圍村

　　客家人從北到南，千餘年不斷遷徙，最終才尋到落腳生根之地。他們既要在深山野地開荒生產、建造家園，又要與當地土著鬥爭、磨合，乃至和諧相處。他們經過長期的顛沛流離，最後在山區定居生活，形成了刻苦耐勞、開拓進取、包容開放、團結奮進的客家精神，敬祖睦宗、重教崇文、誦詩放歌的客家文化。

客家排屋

　　客家排屋是客家人在農業文明的基礎上，歷經艱辛的長期遷徙，為適應新自然環境而創造，全面體現客家人的生產技術水平及精神文化面貌。客家排屋一般坐北朝南，由多間廊屋組成，一排多間，每戶人家的居室都為三進，整體成「目」字狀。第一進為廚房及衛生間，分列大門兩邊，第二進為大廳，第三進為主人

房，上面還有一個小閣樓，主要用於蓄放糧食及農具等。門簷上雕樑畫棟，詩情畫意，美不勝收。

排屋整齊劃一，佈局嚴謹，基本上皆屬同一姓氏，由開基祖一直往下傳，隨着子孫繁衍，再按規劃加建。排屋牆身厚、屋樑高，家家戶戶並排建屋，左鄰右舍牆瓦相連，體現了村民和諧共處、平安發展的理念。

排屋樓

於排屋旁建築的防禦性能堅固的碉樓，為排屋樓。碉樓與排屋之間有小巷相接，巷內設有水池，供飲水及防火之用，樓頂凸出部分，有下望的窗口及射擊鎗眼，樓頂堆放石頭，作防守用。著者有沙頭角香園圍及西貢白沙澳何氏大屋。

排屋

香園圍

香園圍（上香園村）俗稱老香園，位於新界北區沙頭角道馬尾下段之北，處禁區界線內，為萬氏所創建。該區萬氏原籍五華，明代遷居深圳蓮塘；清初，以人口日漸繁衍，於康熙初年南遷開村，名香園村，亦稱香園圍，屬新安縣五都。至嘉慶年間（1796-1820），該村日漸擴大，並改屬官富司管屬客籍村莊，部分萬氏且分遷塘坊村。

該村分上香園與下香園二村，上香園村即前之香園圍，俗稱老香園。村內房屋為排屋，多於 20 世紀初建，整齊排列，數間相連，高兩層，有以青磚建造，亦有以紅磚建成。該地多盜賊，故窗上多加鐵枝，門上亦裝有鐵趟櫳，以作防衛。上香園村內有碉樓一座，俗稱炮樓，建於 1928 年，該樓高四層，上設鎗孔，以石塊建成，內窄外闊，內加鐵窗，樓頂上儲存大量石塊。若遇盜賊攻擊，族人可退守碉樓待援。

白沙澳何氏大屋

西貢白沙澳面對海下灣，為一古老村莊。何氏舊居主人何氏兄弟約於 19 世紀末在英國輪船上擔任海員工頭及燒火，其後開設薦人館，介紹船上工作，自此積聚財富，並在原居地興建排屋大宅，附設更樓及祠堂，名何氏大屋，代替原來細小殘破的舊宅。大屋由何奕高（1862-1953）興建，於 1915 年落成。日佔時期大宅曾被日軍佔據。1929-1930 年間，大宅更樓的底層用作書

堂。1970 年代末，大部分何氏族人移居海外，大宅因此空置。自 1980 年代中葉起，大宅租予外國人士作為居所。至今何氏家族仍會在重陽節時，返回祠堂拜祭祖先。

排屋村

排屋村由多排排屋組成，排列呈「非」字形，為方陣式建築，中央主巷道寬約兩米，兩旁有多條橫線小巷，排屋分列左右，一排多間。排屋門前巷道長約三十米，寬兩米多，分隔東西兩邊，前後屋有條約兩米的小巷分隔，巷巷相連，佈局整齊。其佈局按儒家傳統禮制，以祖祠為中心，祖祠一般在排屋中軸線上堂屋的上堂，其他住房按長幼順序，依次向左右兩邊伸展，後輩村民則按此規則向後依序建房。

村內除祠堂外，也建有書室。村前有空曠的禾坪，再前方為風水魚塘，四周種植芭蕉。

元朗水蕉新村

水蕉新村，原稱福興圍，位於元朗之西，屬十八鄉客家村，為黃、楊、張、程、林五姓人士所創設。18 世紀初，黃、楊兩姓祖先遷入該地，向屏山鄧氏佃地開耕，其後張、程、林三姓始祖相繼遷入，並創立福慶堂，作為五姓人士的祖祠。至 20 世紀初，該村始改稱水蕉（音照）新村，據村中長者所告，「水蕉」之意是水沼，意即水池或沼澤。

該村為排屋村，入口有門樓，上刻「水蕉新村」，兩旁有祠堂三間，左首為張氏宗祠，右首有程芳程公祠及振鳳林公祠。村內另有楊氏家祠兩所、林氏宗祠一所、程氏宗祠一所，以及俊華書室一間。

沙頭角鹿頸村

鹿頸位於沙頭角海南岸，南涌的東面，分黃屋與陳屋兩村。清初復界後，客家黃氏首先遷入鹿頸地區，開墾建村，即今之黃屋村。其時，區內治安不靖，寇患嚴重，黃氏中有名為

沙頭角鹿頸村

黃春儒者，欲增強區內防衛，遂於清乾隆五年（1740），邀請新安羅芳村陳萬泰之子——子德與男德入遷鹿頸。陳氏遂入鹿頸墾荒建屋，陳子德居陳屋老圍，亦稱上圍；陳男德居下圍，位於黃屋旁。

自立村後，歷三百多年，兩姓人口繁衍，遂成今鹿頸黃、陳兩姓。如今黃屋與下圍合稱鹿頸黃屋，上圍則稱鹿頸陳屋。兩村都屬排屋村，依山坡建築，村屋是廊屋，麻石為基，牆身以青磚建造。兩村共有祠堂四座，皆兩進單間式：前進為前排

屋舍，後進為後排屋舍，天井為兩排屋舍間之通前。兩村廊屋多有破圮，居民出外工作者眾，住村人口不多，故仍能保存鄉村的淳樸風情。

圍村

圍村亦稱寨，是因防禦需要，以圍樓或圍牆環繞，外加濠溝增強防衛的村莊。圍村多呈方形，四角建有碉樓，俗稱炮樓、望樓、更樓，開一門，圍內是排屋村，中軸有主巷，盡處為神樓。門外為禾坪，再前為水塘。

圍村四周厚實堅固的牆體，大多外包砌磚石，內皮為三分之二厚的生土牆，砌至頂層，頂部供作戰時防禦用。四角的碉樓是堅固的防禦性碉堡，每層四面均有採光窗口，窗口兩側有兩個內闊外窄、或橫或豎的射擊孔，樓頂凸出部分，有下望的窗口及射擊孔，樓頂亦可堆放石頭作防守用。

新界所見清初興建的圍村，其初本為排屋村，因防範寇患，始加建圍牆。其著者，有新田仁壽圍，上水上水圍，錦田吉慶圍、泰康圍及永隆圍。

新田仁壽圍

新田鄉文氏發源於仁壽圍，該圍為新田三圍六村中歷史最悠久者，創建於明代，並於清代加建圍牆。始祖文世歌，生於明洪武二十三年（1390），卒於景泰八年（1457），享壽六十有

七。仁壽圍便是為紀念新田文氏始祖跨越六十一歲大壽而命名。

圍門及圍牆以磚石砌築成，底部由數層大石做基座，高至大門頂處，然後建磚牆延至瓦頂。

仁壽圍圍牆

上水上水圍

上水圍廖氏家族，其遠祖在元朝時從福建南下，立籍於上水。明萬曆年間（1573-1620），廖族子孫繁衍，七世祖南沙公倡言聚族而居，與其侄君潒（即潤宇公）商議，選定龍口地形像鳳之處，約在「明末六十年前」，合力建成今日的圍內村。該村呈長方形，初無圍牆護河。因該村位於梧桐河上，故名上水鄉。清初，為避李萬榮等賊寇之擾，遂議建圍，並挖壕自保。該圍於清順治三年（1646）動工興建，翌年竣工。正門上裝連環鐵門。

錦田吉慶圍

吉慶圍位於錦田大馬路泰康圍對面，建於明憲宗成化年間（1465-1487），為鄧伯經等所建。初無圍牆，至清康熙初葉，為防寇盜，鄧珠彥及鄧直見始建青磚圍牆，以深濠圍繞，四角上築

吉慶圍

更樓，並加連環鐵門，圍外有濠溝，以防盜匪。村民則在圍內居住。

錦田泰康圍

泰康圍毗鄰吉慶圍，築於明憲宗成化年間（1465-1487），為鄧聰及其他四人所建。初無圍牆，至清康熙初葉，為防禦寇亂，鄧文蔚及鄧皆悅始建圍牆，並加連環鐵門。現該圍高牆半存，惟其圍樓則尚完整。圍內有協天宮及義士軒。

錦田永隆圍

永隆圍位於吉慶圍之北，舊稱沙欄尾，築於明憲宗成化年間（1465-1487），為鄧紹舉等人所建。初無圍牆，至清康熙年間

（1662-1735），為防禦寇亂，鄧瑞長及鄧國賢始建圍牆。現該圍高牆半存，惟其圍樓則尚完整。圍內有書室名耕心堂，為兩進三間式建築，供族中子弟讀書，1926年停用。

永隆圍

凹字形（斗廊式）
客家排屋：上水
松柏塱客家圍

　　松柏塱位於香港新界上水西部大頭嶺、青山公路、塱原與石上河之間。松柏塱村主體位於粉嶺公路北面，客家圍位於松柏塱村南部，稱松柏塱客家圍，由沙頭角荔枝窩的黃建常、黃建文兄弟創立。該族開基祖黃喜鳳，於清朝初年，自深圳遷居沙頭角荔枝窩。至清末，族中的黃錫宗生五子，四子建霖及五子建文遠赴巴拿馬工作，賺得金錢後，匯款回鄉給兄長建常（黃錫宗次子），在松柏塱興建大屋，供族人居住。其時該族從惠州聘請五十名技工，來港施工。客家圍在 1903 年開始建造，至 1920 年才完成。

　　黃建常利用建築客家圍的餘款創業，所開設的店舖遍佈港九及大埔；黃建文回港後亦涉足商界，兩人均為當年知名富商。黃建常曾捐款成立廣華醫院，並出任該院總理；黃建文曾為客家崇

正總會司庫。英國接管新界後推行新的土地政策，1923 年「新界農工商業研究總會」成立，1926 年易名為「新界鄉議局」，黃建常、黃建文兄弟亦曾參與其事，成為第一屆鄉議局成員，黃建文兒子黃炳英更於 1952 年當選新界鄉議局主席。

客家圍

　　客家圍的主體由兩排凹字形（斗廊式）客家排屋組成，凹字形屋亦稱鎖頭屋，形如 1950 年代前的凹字形鐵鎖頭，兩側的凸出部分為單間式左右橫屋。四周有約高兩米的牆

松柏塱客家圍的圍門

壁圍繞，牆以三合土建造，開一門，門額「江夏世居」，門對開有兩堵弧形風水矮牆，拱衛左右，設計獨特。門外無風水池。

　　圍內一邊為兩排凹字形青磚客家排屋，中為小巷所隔，前排於 1903 年間建造，後排於 1920 年代加建。每排房子由三個單元斗廊式房屋組成，每單元為：凹字形門簷廊，簷頭為帶脊飾的硬山頂雨篷。進入外簷廊為天井，天井兩側各有一廊房，為廚房及雜物房。越天井，為三間並排帶閣樓的房間，中間為廳堂，兩側為住房。前排兩廊房外牆砌女兒牆，女兒牆外側有灰塑圖案。

　　排屋前為寬闊禾塘（曬穀場）。兩排房屋為五房人共同住

所。前排中央一間為祠堂，名錫宗黃公祠，以紀念黃建常五兄弟的父親黃錫宗；祠中央神龕內擺放黃錫宗及繼室劉氏畫像。南端一間較大的建築物曾用作書室，黃氏子弟在此接受教育。

禾塘盡處為三層高的更樓，又稱炮樓，有守衛及避難的功能。昔日該地治安不靖，黃氏除在排屋四周加設圍牆外，亦興建更樓，供族人瞭望守衛，遇有賊人入侵時，亦可躲進避難，更樓現仍保存良好。如今，此圍的排屋、更樓、圍牆、圍門、祠堂及書室合併被評為一級歷史建築。

松柏塱客家圍內的排屋

　　上窰村位於新界西貢北潭涌郊野公園內，北潭涌保良局渡假營對岸，旁為龍坑。該村為廣東省寶安縣黃草嶺的黃氏所創建。該地位於西貢東北區要衝，為通西貢墟必經之路，過往商旅多於其地（名過路廊）休息。1830 年間，該族的黃發升與多位族人同遷香港新界，於今上窰村地落擔開基，並於過路廊設置小舖，販賣食品及茶水，為村民商旅提供歇息之所，後來逐漸發展成上窰村。

　　該村建於一高出地面的平台上，坐東向西，依水邊建築，全村由一排凹字形（斗廊式）客家排屋組成。凹字形屋亦稱鎖頭屋，形如 1950 年代前的凹字形鐵鎖頭，兩側的凸出部分為單間式左右橫房。排屋由四個單元斗廊式房屋組成，每單元為一凹字形門簷廊，簷頭為硬山頂雨篷。內進兩側各為廚房及雜物間。後

上窰村的圍門

上窰村內的排屋

進為三間並排帶閣樓房間，中間為廳堂，兩側為住房。

排屋前為曬坪，盡處有一小屋，用作廚房及豬牛欄。外為矮牆，三合土建造。開一門，上有門樓，硬山頂雨篷，門框以花崗石砌成，板門後方設有直木櫳（上柵），以加強防盜。大門旁有狗洞，供貓狗出入。門外有石階，無風水池。村旁的海邊設有小碼頭。

該村鄰近斬竹灣，村民曾以漁農為業，也會利用沿海豐饒的珊瑚燒製石灰維生。對岸黃麖地，即今保良局渡假營處，設立磚窰，名對面窰，以燒製磚瓦著名。村民建窰燒造殼灰，方法是將蠔殼放在窰內燒成灰，可作灰泥及肥料之用。該行業曾經甚為昌盛，帶旺黃氏家族的經濟發展。此外，黃氏亦於鄰近山頭，廣植松樹及果樹，收穫頗豐。惜於 1929 年大荒失收，居民生活因而大受影響。

隨着其後英泥及造磚行業的競爭，窰燒工業遂於 20 世紀初沒落。60 年代，村民為生活計，陸續遷往外地謀生，有的出洋遠赴馬來西亞沙巴等地。日佔期間，黃氏舉家遷居廣州，戰後於1953 年間移居英國。1965 年該村已被廢棄。

1981 年該村及村前的灰窰被宣佈為法定古蹟，修葺後闢作民俗文物館，館內陳列各種耕種工具及農村家具，現已開放。村前仍存廢圮房舍多間，村旁果樹多棵及水旁的石碼頭等仍存，供人遊覽。

三間兩廊式客家民居：柴灣羅屋

柴灣位於鯉魚門海峽外灣，為香港島最東的谷地。該地三面環山，水源充足，盛產大量木材，可作柴薪之用，故被名為柴灣。該地因擁有天然海港及豐盛柴薪能源，前清時期，已成為漁業、農業、林業並重的多元產業社區。

根據 1841 年人口普查資料，柴灣人口只有三十人，1891 年增至二百零八人。18 世紀初，約有三百戶客家人由廣東寶安縣（深圳地區）南遷至柴灣。據柴灣原居民藍氏的族譜，以及羅氏族人所收藏的田契、稅契，遠在清乾隆年間（1736-1795），當地已有成屋村、羅屋村、藍屋村、陸屋村、西村及大坪村等六條客家村落。當地居民以捕魚及務農維生，亦有以燒灰為業。1957-1959 年間，柴灣原有鄉村全被清拆，其地建成徙置大廈。

羅屋

羅屋位於香港柴灣吉勝街 14 號,為柴灣區僅存的古村屋,屬客家三間兩廊的斗廊式村屋,建於清乾隆年間,並於乾隆三十二年(1767)獲發紅印契。因原戶主姓羅,故名羅屋。

羅屋建築佈局簡約對稱,屋頂疊瓦鋪蓋,屋脊為簡單的平脊,開一正門,門框以花崗石砌成,板門後方設有直木槓(上柵)加強防盜,門簷廊作凹字形,入內為天井,天井左右為廊房,用作廚房及貯物房。越天井,為三間並排房間,中央為正廳,供奉祖先神位及生活間,兩側為住房,乃工作間及睡房,內有閣樓,用作貯物及孩童睡處。為防盜故,房屋窗戶不多。屋外空地俗稱曬棚或禾坪,為曬穀、晾衣及聚會之所。

羅屋於 1989 年被列為古蹟,現為香港歷史博物館分屬的民俗館。

柴灣羅屋

沙田圓洲角王屋
廊改樓式客家民居：

　　圓洲角本名圓洲，原為沙田海中一小島，曾是往來廣東與九龍的商旅及貨物的集散地，水運由沙魚涌乘橫水渡至元洲王屋，再循陸路經沙田圍、九龍坳（今稱沙田坳），下慈雲山至九龍城。

圓洲角王屋村

　　圓洲角西南端的王屋村，於清朝屬廣東省廣州府新安縣第六都九龍司沙田坊（又稱瀝源）元（圓）洲。清乾隆年間（1736-1795），原籍廣東省興寧縣的王氏十五世恭醇祖夫婦，攜其次子爵廷，落籍圓洲角，以農耕與牧羊為業，經數代人勤墾耕耘，人丁繁衍。1911 年，王氏第十九代祖先王清和興建該大宅，鄰村居民稱之王屋。19 世紀時，從廣東南下九龍的旅客及貨物，多以圓洲角為交通樞紐，王屋村遂成為商旅的貿易站。時治安欠佳，

沙田圓洲角王屋

山賊橫行，商旅有投宿之需要，王氏族人遂在大宅傍開設「義利客棧」。

　　19 世紀末葉，廣九鐵路及大埔公路先後建成，王屋的地位頓失，族人先後離鄉別往，向外遷徙，以謀生計。隨着沙田海不斷填土以發展沙田新市鎮，1984 年，港府於王屋相鄰處興建王屋花園，更於 1989 年將王屋列為香港法定古蹟。1993 年底，政府清拆近沙田路的王屋舊村及義利客棧。翌年，村民遷入現時另闢地重建的王屋村。王屋古屋作為文物得以保留，成為圓洲角唯一的歷史印記。

王屋村古屋：王屋

　　王屋位於沙田圓洲角麗豪酒店東鄰，該建築為廊改樓式客家民居，高兩層，磚石承重結構，以單層斗廊式房屋為基礎，以西

式的兩層式配中式的建築法則建成，有中式抬樑式屋頂，樓中置天井。這種形式的建築，多見於珠江三角洲一帶。其中一些廊屋的門頭飾、窗頭飾等，是從歐式建築中發展而來，有的還保留原來的設計特色。樓中的天井發展自中國合院式建築中的院落，天井四周為房間，因地制宜地佈置了合院式廂房的功能。

該建築以青磚及花崗石砌成，以木椽及檁條支撐牆身，配以瓦片構成金字屋頂。低層屬兩進、一天井、三開間式的斗廊式建築，正門入口以細琢花崗石作為門框，再加裝木柵趟櫳拉門，前院由一道花崗石矮牆包圍。內牆下半部為石砌，上半部為夯土牆。

屋內地面鋪設廣東菱形圖案大地磚，內外牆上有精美壁畫及傳統裝飾，正面牆身有精緻灰塑、壁畫及巧手雕刻簷板，山牆簷壁以草尾灰塑裝飾。客廳與天井之間有三道西式拱門分隔，通過前方門廳後為天井，右邊為浴室，左邊為廚房，內有連煙竈磚囱，後進次間為睡房，建有木構閣樓，供貯物及生活用。前後進明間牆身繪畫吉祥圖案壁畫，繫樑分別雕刻「百子千孫」及「長命富貴」等吉祥語句。

堂橫屋、圍龍屋及城堡式圍樓間的形式建築：荃灣三棟屋

荃灣三棟屋為客家堂橫屋、圍龍屋及城堡式圍樓間的一種形式建築，該建築呈長方形，橫列三杠式，故稱三棟。主體為三堂兩橫式的堂橫屋，橫屋左右對稱。整體形如城堡式圍樓，但前無倒座及四角碉樓，後枕圍龍改作橫長的枕杠，橫置如枕，與左右橫屋連接。

三棟屋陳氏的源流

三棟屋陳四必堂，位於荃灣（舊稱淺灣）近現時荃灣港鐵站一帶（土名牛牯墩），建於清乾隆五十一年（1786），是新安縣羅芳村陳氏所建。該族的始祖陳景公遠在明洪武年間（1368-1402），由北方遷福建省汀洲府寧化縣，其後繼遷廣東五華龍川駱岐約團芬鐵心嶺及同邑東坑，九世祖嘉衡公於明崇禎五

年（1632）遷惠州博羅，十世祖殿相公於清康熙十三年（1674）遷惠州歸善淡水隔瀝上坡，十一世祖萬泰公於康熙五十八年（1719）遷廣州府新安縣黃背嶺約（羅芳）水口村，十三世祖任盛公與伯父侯德公於乾隆二十二年（1757）遷至新安荃灣鹹田附近老屋場（今大窩口）關門口村居住。陳任盛率四子健常、俟常、偉常及倬常，於該地填海開地種田，合力經營，不數年，已有恆產，人口增加，遂興覓地建村之念。

三棟屋的創建

任盛公於覓地建村時，遍覓多處，惟少合意者。後選定牛牯墩（今荃灣官立工業中學之處）西部一地，以其風水極佳，該地堪輿學上名「海棠春睡」，村建在美人大腿上，前迎汲水門，後枕「獅地」，左為青衣山嶺，右為花山；風景特麗，特別是春秋

荃灣三棟屋

兩季，黃昏夕陽漸下之時，金黃色光束在水面反射，萬千金星閃進村中，象徵財源廣進。該處屬荃灣芙蓉山新村孫氏所有，任盛公屢謀其地，惟孫氏終不肯出讓。清乾隆四十六年（1781），任盛公卒，長子健常繼之。某日，孫氏因急需錢銀，同意賣地予陳氏，陳氏方得於其地建村。村落於乾隆五十一年（1786）建成。

三棟屋的形制

該屋村長一百五十餘呎，闊逾百呎，形如棋盤，有三進口。主要部分於清乾隆五十一年（1786）間完成。正門左右建有房子，主體為四間斗廊屋，為該族四房居所。正門石楣上刻「陳氏家祠」四字，兩旁有對聯：「帽山舒鳳彩，灣海獻龍文」，對聯上方有兩個細小的供瞭望用的洞口，用於防範山賊或海盜。

四房居所形成中軸主巷，建有前廳、中廳及祠堂，廳與廳之間為天井分隔。前廳用以安放車轎雜物，中廳為客廳，後廳專以祀祖，故亦稱祖祠，廳內擺放陳氏先祖的神位；此三廳亦稱三棟，是三棟屋得名的由來。

其後，該族子孫繁衍，遂於四房居所兩旁左右對稱各建一排橫屋，各橫屋由四所平廊屋組成，背後另有一排橫屋，橫置如枕杠，將整個三棟屋圍攏成圍村。自後並無增建。

全村外牆並無窗戶。各村屋以泥土、石灰等物混合建成，橫樑以圓形杉木柱架搭，祠堂及正門牆上有壁畫及彩色木刻裝飾，其他部分則無任何雕飾。屋頂為傳統金字瓦頂，鋪上板瓦和筒

瓦，然後用鐵釘將瓦片固定在屋簷上，並用釘帽蓋住釘孔，防止雨水沾濕。瓦片之下是木椽和檁條，整個屋頂結構主要以木樑架及山牆支撐。

村前有一廣場，俗稱禾坪，可供曬穀或村民休憩之用。村北不遠處有一水井，終年不涸，供全村及附近居民使用。

三棟屋的房舍分配

三棟屋為傳統民間大宅，中軸為整座三棟屋最重要的建築空間，分三廳：上廳為宗族的祠堂，供奉祖先神位，中廳為客廳，亦為宗族商討事情之地。廳與廳之間由天井分隔。此表明祖先為一家之核心，並藉以表達對祖先的敬意。

荃灣三棟屋的土地神位

中軸左右分別為陳健常四兄弟的獨立廂房，廂房按左昭右穆輩分安排給宗族的長輩，左右兩側橫屋為後人因子孫日增而加建的屋舍。後排房舍一般為儲藏農耕用具及收成品之用。

三棟屋博物館

三棟屋陳族自立祠至今，已二百多年，凡二十二傳。1978年，地下鐵路向荃灣伸延，當局為此在該處徵收土地。三棟屋村

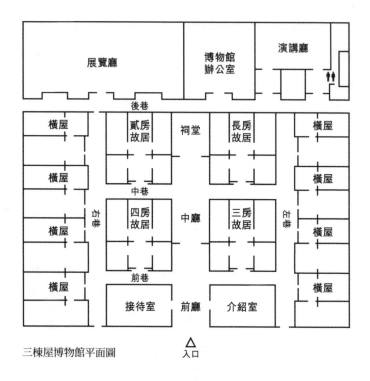

三棟屋博物館平面圖

（圖中文字：展覽廳　博物館辦公室　演講廳　後巷　橫屋　貳房故居　祠堂　長房故居　橫屋　橫屋　中巷　橫屋　古巷　四房故居　中廳　三房故居　左巷　橫屋　橫屋　前巷　橫屋　接待室　前廳　介紹室　橫屋　入口）

民為配合社會整體利益，同意遷徙至象山，另建三棟屋新村，並於新村旁建築新祠，以祀列祖。

　　原有的三棟屋村則因悠久歷史，於 1981 年被列為法定古蹟，1987 年重修成三棟屋博物館，用以展覽傳統農村生活實況，開放予市民參觀。另外，該博物館更不時舉辦像粵劇戲服飾物等富有地方特色的展覽活動。1990 年榮獲亞太區旅遊協會頒發太平洋古蹟大獎。

2016 年，非物質文化遺產辦事處在三棟屋博物館設立「香港非物質文化遺產中心」，作為其展示和教育中心，透過多元化的教育和推廣活動，包括舉辦展覽、講座、研討會、傳承人示範和工作坊等，提升公眾對非物質文化遺產的認識和了解。

三棟屋博物館的展覽

三棟屋門外兩旁現各置有一個大瓦缸，此兩瓦缸傳統上用以盛載清水救火。

中廳屋樑懸着一盞色彩奪目的中式紙燈，稱子孫燈，鄉村習俗，族中若有男丁誕生，於農曆新年時，才會於祠堂內點燈懸掛，以示該族有男丁誕生。祠堂上方懸掛兩塊匾額，分別寫着「百子千孫」及「長命富貴」。可見舊日鄉村重男輕女的習俗。

居所內放置一些舊酸枝家具及木製舊家具，古色古香。入門旁角落有一矮牆隔着，為當日的洗澡間，屋頂瓦面上有幾塊玻璃，舊稱天窗，供陽光透進屋內。

左右橫屋分別介紹香港昔日農村用物，最特別的是將穀種和穀殼分開的風櫃，當用手搖動風櫃時，就會產生風力將比較輕的穀殼及雜物吹走，餘下的便是穀種。

城堡式圍樓：沙田曾大屋

曾大屋原稱山下圍或山廈圍，又稱曾氏大屋，該大屋亦稱「大夫第」，蓋其開基祖曾貫萬公曾獲「誥授奉直大夫」之故。大屋位於香港新界沙田區博康村南端旁邊，鄰近獅子山隧道，是區內保存得最好的典型的城堡式圍樓。

城堡式圍樓

城堡式圍樓為堂橫式圍屋、圍龍屋及四角樓的結合，平面佈局有堂屋、橫屋、禾坪、月池、轉斗門等結構，四周有兩層高圍牆包圍，圍牆四角有碉樓，後圍中央有望樓。碉樓及望樓頂兩側（山花）建成鑊耳狀，有挑頭裝飾。外牆或以三合土夯築，或以青磚疊砌。

圍樓頂層周圍建成通廊式走馬樓，四周簷牆上建女兒牆，簷

額用青磚疊砌，作數層菱角牙子。前排稱倒座，為單元式主房，內低外高，通常為一廳、二房、一天井、二廊。

圍樓內的堂橫屋多為兩層，單元式房間，正門作一單元。入大門，穿門廳為天街，將圍樓及門廳分隔，大門內建仿牌坊式建築，上有灰塑圖案及石刻。

曾大屋的創建

曾大屋為客籍人士曾貫萬（又名曾三利）所創建。曾三利（1808-1894），原名貫萬，號鳴翶，字奕賢，廣東省嘉應州長樂縣（五華縣）水寨鎮員瑾村人，客籍人士，生於清嘉慶十三年（1808）。少年時家庭貧苦，得悉新安縣沿海工商業繁盛，遂於1852-1853 年間，與兄輝賢帶領十幾名族人，步行六晝夜，經寶安轉入香港九龍，來港投靠親朋謀生，時年僅十六歲。初受僱於茶果嶺某石廠為火夫。廠主爆破巨石，費時數月，皆不成功。曾氏獨自設計，試爆成功，被廠主任為工頭。

1842 年香港被英國侵佔後，英人開闢香港為商埠，建築工程日多，致石業日趨蓬勃。曾貫萬赴筲箕灣阿公岩一帶，獨資創辦石場，經營打石工作，於西灣河新成街開設曾三利石廠，備有一艘船，供運輸之用。時當香港市政草創時期，尚無自來水設施，外來船舶難於解決用水問題。曾貫萬利用屋後天然泉水，築池蓄水，兼營販賣淡水予沿海船戶，以供商舶需求，獲利甚豐。嗣後開設的三利商號，業務興旺。

時值清朝末年，海盜橫行。一天，一批陌生漁民運來十六甕鹹魚，除被人買走四甕外，其餘均寄存三利店中。數年後，無人來取，開甕發現，盡是金銀珠寶。曾氏得此意外之財後，成為巨富，欲買田置業，初謀於九龍油麻地購地建屋，但未能覓得合適佳地，終於在清道光二十八年（1848），在「瀝源」今沙田獅子山公路旁覓得風水佳地，繼向隔田村番禺曾氏購得該幅山地及田畝，耗時達二十年，建成一座佔地六萬餘方呎的中國式青磚城堡式圍樓——山廈圍。

該圍樓的堂橫式圍屋於清同治六年（1867）建成，其時，國內適逢紅毛之亂，香港及新界地區位處南陲，朝廷無力兼顧，居民只能自保，大屋初建成時，因中間大門未趕及安裝鐵門，竟為匪幫所乘，闖入屋內，虜去始祖的幼子樹容及幼女鳳嬌，交贖款後才平安歸來。其後始加建四周圍牆，圍牆及鐵門遲至同治十三年（1874）始建築完成。二次世界大戰期間，大屋曾為日軍駐蹕；1949年間，國內外省移民集體租住，故今仍見湖南及山東等籍的外省住客。（詳曾德馨先生〈曾家大屋滄桑史〉，收入《沙田文獻》。）

曾貫萬生子女十人：長子立榕，次子義榕，三子有榕，四子道榕，五女灶嬌，六女群娣，七女馬氏婦，八子可榕，九女鳳嬌，十子樹榕。其自開基至今，已約十數傳。

曾氏為人樸實，勤勞儉樸，自置良田千餘畝、店舖數十間。晚年，為求取功名而向清政府捐納，獲授奉直大夫。此外，根

據清同治十一年（1872）重修筲箕灣天后宮時所立的〈天后行宮古廟碑記〉所載：「曾三利題銀三拾大員」、「三利廠……以上各助多銀壹大元」，以及光緒十六年（1890）〈重修車公廟碑記〉所載：「曾貫萬銀三拾員」，可見曾貫萬的捐助乃是整個「瀝源」之冠。另外於光緒二十二年（1896）〈建造（大埔）廣福橋芳名開列〉載：「瀝源九約捐銀伍大員。曾三利祖捐銀伍大員」，其個人名義的資助，即相等於整個「瀝源九約」的捐助額。其他如港島石澳天后古廟在光緒間（1875-1908）重修時，曾三利亦有襄助。20 世紀初發起建造連貫沙田海（今城門河）兩岸的大涌橋，據〈創建沙田瀝源大涌橋碑序〉所載，曾氏家族亦多有報效。可見其對於社會公益事務，多有贊助。

曾大屋的形制

曾大屋是曾貫萬特別由伍華聘請工程人員前來協助設計及建造，具有伍華客家城堡式圍樓的形制，以堅實的青磚砌成，磚瓦皆由昔日隔田村曾氏窰廠所燒製，選料甚精，經百餘年來風雨，圍牆仍然堅實如故。該建築背向山而面對農田及較遠處的城門河，正好銜接着一條「龍」似的風水地，山為龍頭，圍樓位於龍脈，農田與城門河則為龍尾，據稱，此形勢可為村民帶來好運。

該圍樓總面積達六千多平方呎，呈方形，四周有圍牆環繞，圍牆採用花崗石、青磚及精選木材，外牆高三層，牆頂築女兒牆，牆簷與女兒牆交接處砌菱角牙牆，四角均築有鑊耳型的三層

沙田曾大屋

沙田曾大屋的門額

高碉樓，俗稱炮樓或更樓，正牆及碉樓頂上開有鎗孔，供防盜用。圍牆為倒座，以天街與主樓相隔，天階左右有兩口水井。門外有禾坪，從前村民便是在這裏簸穀及風乾農作物。前為風水池，用以防火。

圍牆正面開三門，門頂作圓拱形。中門為主門，門額「一貫世居」，左旁小字「同治十三年（1874）甲戌歲孟冬吉旦立」，右旁小字「庚午科舉人宗侄（曾）蘇書」。可證該大屋的鐵門，遲至是年始安裝完成。大門上裝的鐵門，上半以連環鐵圈形成，下半為長形鐵條，甚為堅固。鐵門裝有鐵枝橫門，背後另裝木門及木條門柵。左右橫屋出口稱小門，左門門額「安富」，右門門額「尊榮」，兩門皆設木門及木條門柵。

主樓為三堂四橫式，分三進，正中分上、中、下三廳（堂），各為一進，上有棟樑，中有支柱，廳與廳之間隔一天井，稱三棟。各進與左右各兩排橫屋相連，構成棋盤式院落。橫屋每排有單元式斗廊屋五至九間，其上蓋與三廳的上蓋成垂直形狀。

主門入內為下廳，廳內兩旁用以放置雜物。中廳又名正廳，

為宴客及議事之所，門額「祥徵萬福」，左旁小字「同治四年（1865）孟秋吉旦曾貫萬立」，右旁小字「武功將軍張玉堂書」，其上懸「大夫第」木匾。左門門額「景星」，右門門額「慶雲」。

越過門檻為曾氏家族的議事廳，廳中掛有「開基十六世祖貫萬公遺像」及「祖妣曾太母朱氏宜人遺像」，夫婦倆人均穿清朝衣飾。左旁另有紀榮十八世祖禮傳公、嫡配張氏宜人、淑配陳氏安人三畫像。右旁為清同治九年（1870）庚午科鄉試得中第九十五名舉人曾蘇的「文魁」木匾。貫萬公畫像上首懸掛「忠恕堂」及「望重參軍」二匾。議事廳正中有木刻凸字壽屏十二幅，上刻光緒四年（1878）一些達官貴人恭祝曾貫萬八十一歲壽辰的頌詞。

上廳為祖堂，是舉行祭典儀式之地，堂中置神龕，內置「曾氏十六世祖考誥授奉直大夫諱貫萬號三利、妣五品曾母朱太安人神位」。其右首有「光緒甲午（光緒二十年，1894）曾文正恩科工部主政」牌匾。上廳背後有一天井，再後為一行排屋。

沙田曾大屋內賀曾貫萬八秩開一榮壽壽屏

曾大屋內有一祝賀曾貫萬八十一歲壽辰的壽屏，賀文如下：

恭祝誥授奉直大夫貫萬翁曾世伯大人八秩開一榮壽大慶

蓋聞紅字崖高，丹篆泐延齡之字；黃花山暖，碧桃開稱

意之花。是以運啟龍蟠，鍾其靈者碩艾；圖舒虎踞，稟大氣

者魁奇。今者駕斟北斗，遙飛延壽之杯；咒祝南天，旋度長生之曲。若我世伯大人，有猷有守，洵屬令子之克家；無非無儀，兼且柏夫之有室矣。緬維大學之家風，條齊為要；孝經之教術，守身為先。其勤儉以持家，謙恭以度世，誠有不能悉數者。彼夫軒車難入，自多折節之貴遊；牆屋不修，竟等蕭條之旅舍。荻堪為障，何妨窺見室家；柳可為亭，不必競向門第。其創業之初，有如此者。且也東坡之爵肉可損，祁公之麵飯堪怡。曳紫夫人，親操井臼；埋羹太守，奚俟魚肥。白莧紫茄之不厭，三弋五卯之是資。其飲食之儉，有如此者。至於披敝絮而自如，服弋綈而不顧，鄙錦繡而不施，穿綺羅而若恥。安居則一席不重，茵荏則十年不改。其服物之樸，有如此者。吾試觀翁之處世也，四益由於一謙，一切自有二美。下猶上也，人莫踰之；尊而光乎，善斯可矣。擬田者處境埆以自甘，例漁人取深潭以予彼。猶之讓茂才以託陽狂，不啻還牛芻以助愧恥。其謙以待人，有如此者。更觀翁之持身也，生於丹穴，而兼照葆光；服仍白衣，而不觸世網。神同端木，謀本太公。迴天地於掌上，參日月於胸中。其智以持己，有如此者。他如忠信可為甲冑，禮義可為干櫓。戴仁而行，抱義而處。謂羈勒為吾家物，敢墜弓裘；詩書為淑世資，仍垂堂構。不汲汲於進取，不屑屑於科名。以視乞靈陣編，窮年角逐，熱中好爵，百計蠅營者何如哉！情操飲水，熱腸飫雪。拯翳桑之餓，典質忘貧；宏蔭樹之資，

解推必力。里黨成稱其春及，庭樹乃驗手冬榮。所以拂座椿萱，長垂美蔭；環階蘭桂，漸出新芽。良由家室既茉苜和平，子孫遂椒聊蕃衍。華封三祝，多壽多男；閟宮一篇，俾昌俾熾。所以璧水有環橋之樂，泮宮貽采芹之麻。更有情殷王事，職効公家。抱孔氏乘田之心，韙北山賢勞之義。莫非大德之必壽，厚德之獲福者也。其餘嫻家以禮，睦族以仁。散瞻六姻，存恤三黨。圖丁佃戶，薄蠲儉歲之租；竈婢廚孃，飽飫侵晨之粥。指陳厚德，是啟儀型。余誼屬通門，能知大概。值高軒之乞簡，搣弱管以撝毫。遙知大姥筵張，麻姑酒滿。恆春樹種，愛日誠舒。長樂花開，春雲永護。九五福曰壽，籌添海屋之延釐；八千歲為秋，算比高山而衍慶。誠為熙朝之人瑞，願譜盛世之元音。是為序。

　　欽點翰林院編修愚世姪戴鴻慈頓首拜撰，辛未進士欽點刑部主政愚世姪黃家瑞頓首拜書，壬戌恩科補行己未科舉人黃廷章、丙子科舉人方菁莪、甲子科舉人陞授兩廣督標中營左哨二司把總劉漢揚、五品軍功賞戴藍翎陳連捷、壬戌恩科補行己未舉人陳宗器、庚午科舉人姪蘇、廩生賴家行、姪彭大鏞佐平、庠生楊芳、楊近澧、楊壽鈞、馮汝湘、廖錦彰、鄧春華、李銘恩、成元亨、姪楊□、六品軍功愚姪楊□鷹，誥授奉直大夫直隸州分州姻愚弟鄧懷清全頓首拜。時光緒四年歲次戊寅季春既朔吉日立。

　　堂橫式圍屋為傳統粵東客家人的屋式，因保持中原地區四合
院及殿堂式結構組合的特徵，故亦稱府第式，其對地形適應性
強，適合聚族而居，故分佈地域廣，數量多。其基本特徵為中軸
線上的敞廳堂、敞廊、天井、天街、左右平衡及對稱的橫屋、禾
坪及池塘，背後不帶花頭及圍龍。整座樓宇造型前高後低，凸出
中軸，堂屋高，橫屋低。屋頂瓦面層疊錯落，成疊式瓦面，一般
為五疊，瓦頂及瓦簷如五鳳展翅，故稱五鳳樓。

　　圍屋的廳堂有二堂（廳），或三堂，最多可達五堂，堂與堂
之間為天井所隔，下堂進深，多為開敞式，為門堂，有簡化式，
略大門樓，稱禿腳，或墊腳；中堂為正堂，為議事廳；上堂為祖
堂，供祖牌。有於上堂後隔天井加建矩形枕杠。兩側橫屋主要用
作住房、廚房、廁所、畜舍、雜物間。廳堂、廂房及橫屋皆以四

架三間為基本構圖。橫屋偶數對稱。

元朗潘屋

潘屋位於新界元朗凹
頭，博愛醫院之側，興建
於 1932 年。20 世紀初，
原籍廣東梅縣的客家商人
潘君勉，經商印尼，常來
往港印兩地，故於香港營
建大宅，以作商住，大宅

元朗潘屋

為紀念其父親潘蔭華而建，故命名為「蔭華廬」。潘君勉為旅港
嘉應商會創辦人，曾捐款支持同盟會進行革命活動，又資助興建
元朗博愛醫院。前中共領導人葉劍英乃潘君勉好友，與周恩來
於 1938 年來港時曾入住潘屋。作家郭沫若於 1939 年亦曾入住潘
屋。日佔時期，潘屋曾被日軍徵用，作憲兵指揮部。1983 年，
港督尤德夫人曾到潘屋參觀。該屋於 1985 年被列為一級歷史建
築，並於 2010 年獲確認評級。

潘屋為兩堂四橫式傳統客家式圍屋，1932 年，潘君勉從家
鄉梅州禮聘四名工匠來香港，模仿祖居蔭華廬的佈局設計，以孫
天朗師傅任指導，由潘君勉次子潘戀賢全權監督，建材自廣州、
佛山、汕頭等地採購運港，歷時兩年建成。

大宅為方形中軸對稱的傳統平面佈局，佔地面積一萬零

八百一十六平方米，建築面積一萬一千二百二十平方米，由門坪、外圍牆、堂屋、後庭院、橫向枕屋、弧形後花園組成。

堂屋開三門：大門及兩側門。大門作凹斗式，門額「蔭華廬」，卷篷簷頂，兩根門廊柱承架樑架，兩側樑架上分別雕有一對貼金木獅子，牆上另有兩對着色陶獅子，合共八隻，故又名為「獅子屋」。

堂屋內分上、下兩堂，上堂為祖堂，供祖牌，牆上懸掛祖先相片；下堂亦稱門廳，內有屏門（擋中），兩則開下堂廳，門向天井開啟，故成上堂大於下堂。正廳正樑書有「百子千孫」、「如意吉祥」字樣，前堂有「富貴壽考」四字匾，其下有桃花貼金屏風。正屋與左右橫屋間隔一小天井，天井中間加蓋廊道，廊道與正屋連接，天井內有假石山、盆栽及魚池，外橫屋外亦有花廳。上堂後隔天井建有矩形枕杠（枕屋）一排，枕屋背後圍牆內有果園。屋旁有水井一口及豬屋農舍多間。全屋共有兩廳堂、六花廳、十六廊房及七天井。

屋前方為曬場（禾坪），長與屋齊，闊與正屋高度相約，禾坪前有矮護牆，前為半圓形的風水池。屋後原有半圓形的風水林，現已遭破壞。

元朗潘屋及屋前的風水塘

中西合璧建築的客家大屋：八鄉大江埔江夏田廬

20 世紀初，漂泊海外的部分華工，有些依靠勞苦掙來的金錢，在外營商致富。由於中國人不忘故土、落葉歸根的傳統思想，很多華僑回鄉建房，以享晚年。時中國內地軍閥及國共爭鬥，社會動盪不安，香港在港府管治下，社會相對較為安定，較有利於保護生命財產。加上香港地理位置又處在家鄉與南洋通道之間，往來方便，故此一批批梅州籍華僑及退役軍政人員，陸續經由南北行引介，在新界地區買地，興建居所定居。

其時，香港地區人口激增，有各地從事洋務的股商巨賈往來，中西方商民從文化上得以互相影響及融合，建築上存在着中西施工技術的交流，以及物料的互用，使香港地區開始出現中西合璧的建築。這些歸僑久居外地，深受南洋及西洋文化思想的影響，故於興建居所時，採用客家傳統的圍龍屋或堂橫屋的平面佈

局，局部稍作改動，如有些屋式將背後的半圓形化胎（花頭）改為長條形的天井，將左右的弧形圍龍改成直線枕杠（枕頭尾）。門窗、廳堂加以西式裝飾，增設立面、陽台、拱券、羅馬柱等。

此等建築既保留中國文化特徵及客家的傳統建築藝術，又增加了華僑僑居地的文化元素，對客家建築藝術起到發展作用。元朗八鄉大江埔江夏田廬，為此等中西合璧建築的典型。

八鄉大江埔江夏田廬

大江埔 198-199 號江夏田廬，俗稱黃家大屋，門牌上書「大崗埗村 32 號黃家大屋」，大江埔江夏田廬建於 1929 年，由廣西籍黃憲庭少將所建。黃憲庭是廣東合浦人，曾為香翰屏將軍部將，為大江埔一帶第一代黃氏族人，香翰屏將軍亦曾居停大江埔屏園。大屋初為黃憲庭

黃憲庭少將遺照

家族居所，以種米養豬維生，據云香翰屏將軍亦曾居該處。後黃憲庭後人相繼移民海外，大屋遂作為黃氏的別墅，現時由黃憲庭一房的家長執管。

江夏田廬大宅為中西合璧的兩堂兩橫客家圍龍式建築，以青磚建成，外有籬笆環繞。坐北向南，整體由主樓及左右兩排橫屋組成。開三門，牆腳有狗洞，牆角有鎗眼。屋前有禾坪，供曬穀或休憩之用，坪前為水池，可作防火用。背後為花頭，種植竹林

及棘桐，以防盜賊進入。

　　主樓呈方形，採用客家傳統堂橫屋的兩堂兩橫屋的平面佈局，局部稍作改動。該樓高兩層，金頂，上鋪紅瓦面。正門外有洋台式立面，頂上有西洋巴洛克風情的立面山花，刻有吉祥浮雕圖案，橫額泥塑兩行文字：上行小字「大安步」，下行大字「江夏田廬」，橫額右旁泥塑鳳凰浮雕，其旁有小字「文國熙建」，左旁泥塑鮮花圖案浮雕，其旁小字難辨；橫額頂上有泥塑展翅蝙蝠，其旁亦各有蝙蝠相伴，再上有佛果一籃，籃上橫書「平安」二字，皆寓意吉祥、納福。山花背後有兩環，供插放旗杆。

江夏田廬的正門立面山花

江夏田廬

主樓正門門眉紅紙橫批：「鴻禧」，門聯：「南豐衍慶，江夏流風」。入內為前廳，為生活及會客用，其背後為正廳，亦為祖堂，內供祖先靈位，牆上懸掛祖先遺照，黃憲庭將軍遺照亦懸其上。兩廳中為天井所隔，廳堂為全屋的中軸。廳前兩旁有樓梯登上二樓。二樓左右各為廂房，中為祖堂頂的空間，外出為前廳的平頂。

　　主樓下層天井兩旁有側門，連接左右橫屋，中有天街分隔，兩天街皆開前後門。左前門眉紅紙橫批：「西就」，門聯：「修己以考弟忠信，持家在勤儉謙和」；右前門眉紅紙橫批：「東成」，門聯：「考弟為吾家傳統，真誠乃人世恆理」。各門皆裝鐵閘。橫屋內有睡房、廚房、廁所、糧倉及貯物房。

江夏田廬的天街　　　　　　　　　　江夏田廬的大宅頂及橫樑

　　大江埔黃氏屬南豐井公後裔，故大屋名江夏田廬，其祖上黃井，福建省邵武縣人，生於南漢大有元年（928），北宋時，曾任江南縣尉。其父親黃峭，於八十大壽時（後周應曆元年，951），把家產分配給眾兒子，只留三妻及長子在家，令其餘

江夏田廬的祖堂

江夏田廬的天井

十八名兒子離家，各奔前程，臨行前口授〈遣子詩〉一首，方便日後見面時相認。

黃峭的〈遣子詩〉出自春秋戰國時代楚人黃歇所作的〈認親詩〉，其後歷代各派黃氏先祖流傳至其後裔，成為中國黃氏宗族中著名的「黃氏祖訓」，又稱「認宗詩」。黃氏宗族間流行着眾多不同版本的「認宗詩」，元朗橫州東頭圍貞元堂的黃氏認宗詩跟梅州黃氏家譜祖訓相同，其詩云：「駿馬匆匆出異方，任從隨處立綱常。年深外境猶吾境，日久他鄉即故鄉。朝夕莫忘親命語，晨昏須薦祖宗香。唯願蒼天垂庇佑，三七男兒總熾昌。」

今元朗區內以「江夏」為名的建築，除大江埔江夏田廬外，還有八鄉金錢圍江夏圍、橫洲六鄉福慶村江夏堂、橫洲蝦米新村，以及新田上竹園江夏堂等。上水松柏塱有客家圍，名江夏世居。

香翰屏（1890-1978），號墨林。廣東合浦縣（今廣西浦北縣石埇鎮坡子坪村）人。1949 年夏帶同正室呂靜眉及四妾曾素齡，率家眷移居香港，隱居元朗。香翰屏先後定居於八鄉大江埔屏圍，開辦農場，並經營腐竹場，其後遷坳頭東成里劉氏大屋及唐人新村 30 號松山別墅（今竹林明堂），最後遷至屏山屏興里 23 號絳華別墅（今屏山輕鐵站旁屏山安老院）。1978 年 8 月 17 日在香港病逝，享年八十八歲。

客家教友村莊

　　崇謙堂村，位於今新界粉嶺龍山的西北，龍山舊稱龍躍頭，
該村為一基督教村莊，由客籍基督教人士創建於清末，該村舊名
松岋塘，原為吳氏世居之地。

崇謙堂村的創立

　　清光緒二十四年（1898），新安李朗的江大賓率子江養來
港，於粉嶺龍躍頭新屋村及小坑村佃地耕種，並介紹基督教巴色
會陳樂真牧師於區內購置田產，預營退隱之所。翌年冬，凌品忠
叔侄亦於麻笏村租賃鄧氏田地房舍，以耕種居住，並介紹布吉先
進凌啟蓮牧師及其子凌善元牧師於該處購田建屋，招眾耕畜。

　　其時，該區治安較他處為佳，數年間，新安縣及鄰近地區的
客籍人士，如居龍躍頭一帶、原住麻笏的凌品忠，居祠堂村的陳

樂真及陳育才，江大乾、江大威等先後遷居崇謙堂村之地。及後卓馨高、丘道安、張和彬、徐仁懷、徐仁壽、徐光榮及曾庭輝等數十家亦相繼遷入。該村創立之初，只有屋舍八間，張和彬一間、凌品忠三間、凌啟蓮一間，黃七伯（黃恩榮之父）兩間、陳桂才一間。此外陳桂才屋旁，另有茅寮矮屋數間。

清光緒二十七年（1901），新安龍華的彭樂三任職巴色會新界大埔及沙頭角兩地的傳道主任。時該處已有慕道者多人，凌善元牧師以該地位處大埔及沙頭角兩地的中心，因請彭樂三每月前來宣道兩次，並題佈道所為崇謙堂，而該村遂名崇謙堂村。

乾德樓的建築

清光緒三十一年（1905），巴色會調派彭樂三為崇謙堂村專任傳道，並定居該所。宣統二年（1910），凌善元牧師與彭樂三於佈道所後合建乾德樓，用作

崇謙堂村乾德門

兩家住宅，該樓為一長形建築，高兩層，正面有禾坪，坪前有護牆，正中開一門，門上石刻「乾德樓」三字。該建築至今仍為該堂牧師住所。

1913 年，彭樂三以家務紛繁，不能專心教會職務，乃辭去傳道職務，由宣教師張和彬繼任傳道，並兼教讀，一時該地因無學校，學童多致失學，彭樂三與張和彬二人遂於宣道所旁建臨時校舍，名貽穀書室。

崇謙堂的創建

1918 年，崇謙堂教會所賃宣道所的業主擬收回該屋出售，該會會友遂募集捐款，並向教會師庫按借，共湊得五百四十元，向業主買回該屋，用作堂舍。1922 年，會眾以該堂舍不敷應用，遂購入其左側小山，以建教堂及學校，惟政府謂該地只可建學校，不能兼作別用。1924 年春再購教堂之地，興建教堂，1927 年建成，並於是年 4 月 18 日舉行開幕獻堂禮。

1931 年，港府劃出村後松山官地一段，凡二萬六千一百五十方呎，為該教會墳場。墳場入口處，立有 1934 年「大埔理民府布告第三十二號」碑石以紀其事。1936 年，又於村左小山巔上創建從謙學校，教育區內學子。該學校不隸屬教堂，但為一完善的小學。徐仁壽與其妻陳庚娣長老於教堂東面，建一兩層高的中西合璧建築，名石廬，並於其旁建洋房一座。

1951 年，該區信道者日眾，聖堂坐位漸見不足，經凌善元牧師長子凌道揚苦心奔走，以及香港聖公會何明華會督之助，並得賽馬會撥贈善款，作為補助擴建教堂之用，新教堂於是年底落成，並於 12 月 23 日舉行獻堂禮。

新聖堂分上下兩層，上層為禮堂，設有四百個坐位，樓下為青年部、圖書室、接待室、主日學課室等。

1957 年，教會於教堂樓下開辦幼稚園，以羅香林師為校監，凌道揚及徐贊賢為校董，凌道揚夫人崔亞蘭為校長，學生二百餘人。

新崇謙堂的建造

因該堂教友日增，所附設的幼稚園亦以學生日多故，難盡收容。堂董事會遂於 1962 年決議再度擴建教堂，向政府申購教堂右側山坡，擴建新堂，並建傳道人與職員宿舍，附設幼稚園之用。1983 年新堂落成，舊堂待重修後改作其他用途。

結語

該村因離沙頭角公路頗遠，故仍能保留其淳樸的環境。村前的新舊兩教堂仍存，相互輝映，村內乾德樓的古樸風貌仍存，村後的墳場仍為該村教友最後安息之所；羅香林師的墓地，亦位於園內。

附錄：石廬

石廬位於香港新界粉嶺龍躍頭崇謙堂東面，為香港華仁書院及九龍華仁書院創辦人徐仁壽（1889-1981）於 1925 年所建，徐氏的兒子是首位華人政府行政官徐家祥。石廬之地，原屬其姊夫

彭樂三所有。蓋以其環境清幽靜穆，故取名石廬。

　　石廬背山而建，為高兩層的中西合璧式建築，屋前有寬闊草坪，由於荒廢多年，草坪長滿野草及矮樹。牆身、露台及石柱具有西式建築特色，但卻採用中國傳統的金字屋頂，以木樑及板條承托，並鋪砌瓦片。屋內天井及房間佈局與中國傳統民居相似。正面矮牆有一半圓形磚牆，立面上灰塑「石廬」字樣。

　　1930年代，徐仁壽曾借出石廬予天主教社群舉行彌撒，當時，粉嶺天主教徒可選擇乘搭火車到大埔墟聖堂或到石廬參與彌撒。後來，新界西區司鐸區鴻慈神父（Valva Didacus D'Ayala）認為中國傳統文化婚姻觀念與天主教有異，遂於粉嶺另覓土地興建教堂，於1953年建成粉嶺聖約瑟堂。自是，石廬便被廢置。

大埔南華莆村與崇真堂

　　南華莆村位於香港新界大埔區北部，粉嶺公路及大窩西支路以西，為客家原居民村落，由林、鄭、高三姓所組成，以林姓為多。該村為林村鄉二十六村之一，與坑下莆、較寮下、圍頭村同屬林村鄉第六甲。該村的林氏原籍福建莆田，始祖林永盛於明萬曆三十五年（1607）由東莞莆崗（今九龍黃大仙莆崗）移居林村坑下莆。後以坑下莆無地發展，再遷建較寮下村。清光緒三十二年（1906），後人林大穩與二子於泰亨附近向文氏族人買地建村，是為南華莆村。

　　南華莆村為一客家基督教村莊，內有崇真會南華莆崇真堂。其時，巴色差會宣教士來華，以客家人為傳福音對象，故此崇真會早期的信徒，皆以客家人為主，至於聚會的地點，也因應客家人聚居之處，多擇於偏遠地區。20 世紀初，粉嶺崇真會崇謙堂傳道人張和彬開始於南華莆村傳福音。1912 年，南華莆村村長林柏如（人稱柏如公），帶領全村居民歸信基督。南華莆村僻處

一隅，經濟條件落後，惟村民信奉耶穌基督的心志踴躍。柏如公帶領村民將家中神像及祖公牌全部燒燬，以示不拜偶像之心。因全村大部分原居民均姓林，同屬一個祖先，故南華莆崇真堂大部分的執事與會友均為林姓。

1941年，南華莆崇真堂實行自治、自養、自傳方針，經濟及堂會要務完全自理。惜於該年12月8日日軍襲港，該堂堂舍遭炸彈炸穿損毀，後更被日軍佔據為憲兵司令部，教會聚會被迫停止，檔案文獻失散，幸得數位忠心教友盡力保護產權及教堂建築物。1945年戰事結束，香港重光，教友陸續遷回本區居住。後教堂及學校建築物兩次遭鄰近政府軍部火藥庫及建築公司火藥庫發生大爆炸波及，建築物輕微損毀，教友及學校師生幸皆沒有受傷。1953年，新堂舍建成。

其後，因村民大多移民或到城市工作，致村內人口下降，堂會聚會人數大減。1977年隨着村民回流鄉村，聚會人數增長，原有禮拜堂地方不敷應用，遂議決籌建第三所禮拜堂。1984年新堂落成，造價五百多萬，全由本堂弟兄姊妹籌措。其後，該堂再經修建。現有堂舍於2007年按原貌重建。該堂於2012年歡慶一百五十週年堂慶。

村的西北方有建築風格中西合璧的別墅「浩然廬」，為潘天保（又名潘浩然）於1932年所建，該建築富有近代色彩，高兩層，屋頂仍可見中式建築的鑊耳山牆，前有一大花園，外有圍牆。該建築現被列為三級歷史建築。

西貢教友村：鹽田梓村

　　鹽田梓村，亦稱鹽田仔，古稱鹽田子，位於香港新界西貢墟東面鹽田仔小島上，滘西洲之西，為陳氏所創建。該村的落擔祖陳孟德，原籍廣東五華，18 世紀遷新安（寶安）縣觀瀾松元廈，繼遷沙頭角東北寶安縣的鹽田村，於 1740 年間，舉家遷西貢鹽田仔島上，開闢鹽田五畝，並以漁農維生。其後子孫繁衍，至今已十數代。

　　其初，島上所產的鹽獲，皆運往西貢及鄰近地區發售。1841 年，教宗額我略十六世委派傳教士到香港傳教，部分傳教士的足跡及於鹽田仔。1864 年，意大利和神父（Fr. S. Volonteri）及柯神父（Fr. G. Origo）同到鹽田仔探訪及傳教，兩年後（1866），全村共三十人領聖洗加入天主教。1867 年，村民捐出土地興建小聖堂及學校，並以大聖約瑟為全村主保。因該村常受鄰近土豪侵

鹽田梓村聖若瑟堂

擾，其後數年（1867-1869），和神父等且為村中教友組織更練自保。1875 年，全村居民領洗，該村遂成為「教友村」。鹽田梓聖若瑟堂於 1890 年建成及祝聖，除取代小教堂外，也成為鹽田梓的地標。全盛時期全村有逾一千二百人居住。

至 20 世紀初，曬鹽業漸衰。1930 年代，鹽田改作耕地，至 1960 年代且改作魚塘，惟收成不景，其後魚塘棄置。二戰後，因地少人多，加以維生困難，村民相繼外遷，多僑居英國，1990 年代時，最後一戶遷離，該村遂被空置。2004 年開始有人復修鹽田梓及聖若瑟堂，兩年後，更有曾居於鹽田梓的村民重返鹽田梓居住。現時，大多鹽田梓的村民已全部搬出鹽田梓，遷居外國或香港市區謀生，但居於歐洲、美洲等地的原村民，均因共同先祖及信仰，而借聖若瑟勞工主保瞻禮聚首鹽田梓。

村內舊有單間式宗祠一座，惟今已改建村屋。陳志明副主教的故居仍存。村民歷世依靠的水井，今仍見用。建於 1890 年的聖約瑟教堂，分別於 1948、1962 及 2004 年進行修復工程，獲評為三級歷史建築。位於教堂側、建於 1846 年、教育村民子弟的澄波學校，辦學至 1997 年，現被改建為鹽田梓村文物陳列室，分農業、工業、日常生活及課室四個部分展出，而另一個校舍則成為天主教傳教歷史展覽室。

該族原定子孫以孟、可、源、基、廷、國、榮、華、富、貴字輩命名，近年十代字輩用完，經村委員議定，後出生者應按百、年、樹、大、業、萬、世、展、新、猶字輩命名，以正長幼序。

　　大浪灣位於西貢半島東部，古稱鳳灣，自古為漁船避風之地，由南至北分為大浪西灣、鹹田灣、大灣及東灣，四海灣俗稱大浪四灘。灣畔有四鄉村，分別為鹹田村、西灣（大圍）村、林屋圍及張屋圍，屬於西貢南約。該地在萬宜水庫興築前，只有水路可達，區內居民依靠漁鹽之利，自給自足。天主教會於1867 年在西灣村內修築教堂，名大浪堂，其後且於堂內附設小學。

　　1960 年代，香港政府於萬宜村一帶興建萬宜水庫，堵塞官門，該地交通開始對外開放。其時，因西灣村聖堂牧師腳患嚴重，無法攀越西灣山，令西灣傳教及教育事務中斷，加上港九工商業發展，年輕人大量離開該地，前往西貢及市區找尋工作機會，致該地人口大減。

1980-1990 年代，大量遠足徑的開發，令旅遊觀光及遠足運動日漸普及，麥理浩徑即貫穿該地，加上西貢東郊野公園的建成，士多、租屋及收費淋浴設施等成為當地重要經濟支柱，該地亦成為熱門渡假地點。

鹹田村

鹹田村位於大浪灣畔，歷史悠久，居民有溫、詹、張、李、戴、孔、林等姓氏，而以姓溫為主，在鹹田村居住已七八代。該地的溫氏於清初從國內北方移居至西貢大南湖，其後兄弟三人分別定居大埔仔、濠涌及西貢大浪灣鹹田村。

村中大多數建築物為戰前建造。村民主要以漁農為業，主要種植稻米及甘蔗。由於地理位置所限，村民需步行四五小時前往牛池灣，出售農作物及海鮮，或乘船將木材運送到筲箕灣及香港仔出售，以換取日用品。1962 年鹹田灣碼頭被颱風溫黛破壞，至今仍然未有復修。

該地交通不便，隨着香港工業發展，村民多外遷市區生活，或移居海外，致村內人口大減，現時只有約二三十人居住。

大浪村

大浪村又稱大圍、西灣村，村民主要有陳、張、湛、戴、黎及魏姓。黎姓祖先原居東莞黃魚涌白石頭，明成化年間（1465-1487）遷居大浪灣及周邊地區，存有《大浪西灣黎氏族譜》。湛

氏祖先湛繼明來自廣東省新塘市，並在清代轉至香港，定居大浪村。居民以漁農為業，輔以燒製柴炭，運往市集售賣。戰後火水及石油氣普及，柴炭逐漸式微，今已停產。山上舊有大炭窰，窰身呈圓形，高約十多呎，口約十呎，頂上中央有洞，遺址今已湮沒草叢中。

村內多數建築為傳統建築結構，多有過百年歷史，村內設有村公所。1950 年代，村內有約六七百名村民居住，村民多信奉天主教。20 世紀初，該地建有海星聖堂，並興辦海星學校。其後，大浪灣的青年大舉前往英國謀生。90 年代，由於人口減少，學校收生不足，遂於 1992 年停辦。當大浪灣最後一間小學也停辦後，村內小童與家人也紛紛搬出，村落漸漸荒廢，村屋也不斷倒塌。據 1996 年的中期人口普查顯示，該區只有十四名居民。

林屋圍

經西灣村可前往林屋圍，初段小徑已被樹叢掩蓋，但可踏過草坪，接上水泥小徑，經過坑仔陂小水壩，翻過山坳前往。其地空有一所只剩外牆的廢屋，破爛牆壁有隨時倒塌的可能，大門已塌去一半，惟仍隱約看到「□愛□□」字樣。

張屋圍

張屋圍規模較小，現今村民早已離去，村莊遭到遺棄，舊有遺跡皆被植物所覆蓋。古物古蹟辦事處將該地區劃定為「鹹田考

古遺址」。

宗教信仰

早在 1860 年代，天主教傳教士已對四鄉村居民，提供很多支援及幫助，改善當地村民的生活水平，居民遂漸信奉天主教。該地宗教氣氛很重，每家門口所張貼的對聯，內容多與《聖經》及教義有關。

聖母無原罪小堂

聖母無原罪小堂（Immaculate Conception Chapel）位於大浪村，原名聖家小堂（Holy Family Chapel），建於 1867 年，該區三條村的大部分教徒在 1867 年由和神父及穆神父付洗。1873 年，教堂擴建，可容納二三百人，座位分男女兩邊，並各有一走廊，祭台及聖堂內部十分美麗。1872 年有教徒一百三十人。

現存的小堂於 1931 年建成，可容納二三百人舉行崇拜及彌撒等宗教儀式，並用作校舍。據說在日佔期間，該堂曾為東江縱隊屬下港九獨立大隊駐紮地。1954 年，該堂更名為聖母無原罪小堂，由新界赤徑聖家小堂司鐸管理，並於教堂旁增建修女宿舍，方便修女在當地進行傳教工作。1960 年，由新界西貢堂區神父管理。1962 年，由大埔墟天主堂管理。1980 年，附屬大埔聖母無玷之心堂區。該教堂是當時西貢區最大的天主教教堂，擁有最多教徒。因此，大浪村曾被視為香港較早期傳教根據地

之一。

1979 年，颱風荷貝襲港，教堂遭到破壞。事後，教區重修教堂，並拆除原來的鐘樓。教堂翻新後，於 1981 年重新開放。後因城市發展，村民開始遷移到市中心或移民海外，該地信徒漸減，教堂遂於 1988 年關閉。現被列為三級歷史建築。

育英學校

育英學校位於聖母無原罪小堂旁，是村內唯一小學。戰後初期，因交通不便等因素，村民難以到達市中心。為了給村中孩子提供教育，村民在傳教士協助下，成立育英學校。後因村內人口逐漸減少，學生人數大幅下降，該校漸被荒廢，並於 1988 年隨小禮拜堂一同關閉，現已荒廢。

西灣海星彌撒中心

二戰後，日常生活漸次恢復秩序，西灣村民有感教育的重要，遂洽商當時主理西貢教務的文明德神父（Giorgio Caruso, PIME, 1908-2004），於村內設立義學，教授知識，亦有修女講授教理。全村村民陸續接受洗禮。由於西灣教友漸多，1953 年，教會於下村建聖堂。建築模式融入本地客家村屋特點，有石牆及客家形式的屋瓦鋪設。

該建築包含聖堂及學校，分為高低兩座，面積約一百四十平方米。高座設有彌撒中心、課室、教師辦公室及宿舍，低座為後

期所加建，有神父宿舍、廚房及廁所等。聖堂及學校皆取名「海星」，以表示村民對海星聖母的仰賴，祂帶來希望與嚮導，猶如星光照耀黑夜大海，引領航行者。

聖堂正立面上方有一十字架，其下寫着建築物竣工年份「1961」及「天主堂」。高座分左右兩室，左門上方刻有「海星聖堂」，右門上方則有「海星學校」字樣。兩室之間本有一個小鐘，以鐘聲召集村民前來舉行彌撒及祈禱。聖堂窗口上方有十字架雕花，學校那邊則呈植物型態圖案。堂內掛着海星聖母畫像，近地面部分牆身以藍色作為主調。

1962 年颱風溫黛襲港，西灣村損毀甚鉅，彌撒中心高座亦遭毀壞。幾經艱辛，於翌年完成重修，正門上方十字架下刻有「1963」字樣，以作紀念。聖堂於 1990 年易名為海星彌撒中心，其後停止服務。

大浪村海星聖堂的入口

由於西灣對外交通不便，村民生活亦艱苦，西灣村民於 60 年代紛紛外出謀生，以致居住人數漸少，村落終告荒廢。

大浪村海星聖堂

西貢深涌五村

深涌在香港新界西貢半島西北部，吐露港海峽東南岸，西部朝向企嶺下海，三面環山，僅略高於海平線。區內有一條清溪緩流，沿沼澤及荒廢農地流入沿岸泥灘。深涌村為當地五條客家鄉村的統稱，包括聖教堂村（教堂圍）、包尼仔村（包籬仔、包圍仔）、石頭徑村（石頭峴）、對面村及灣仔村，除石頭徑村有兩戶為黃姓外，餘皆李姓。

該地的李氏為福建上杭李火德之後，原居廣東長樂錫坑村，先後遷居永安縣水口村、歸善縣龍崗上寮村、大埔烏蛟騰，於清乾隆年間（1736-1795）遷西貢深涌定居落籍，務農維生。

包尼仔村位於深涌灣東北，南與石頭徑村為一河瀝分隔，有村屋一排，背後溪畔散佈三數小屋，村屋皆已荒廢。聖教堂村東鄰包尼仔村，與石頭徑村、對面村及灣仔村為田疇所隔，村內有

小教堂，名三王來朝小堂。石頭徑村位於深涌灣篤深處，村屋分前後兩排，村後舊有深涌公立學校。灣仔村較晚立村，村小人少，1990年代初已全面荒廢。

天主教在深涌傳教始於19世紀末葉。1870年，和神父從大埔汀角轉移至西貢、大浪、赤徑等地，繼擴展至深涌傳教。1872年，深涌皈依天主教的村民有三十位。和神父曾鼓勵村民築一長堤使海水在高潮時，不致淹沒農田。另外，傳說由於教會的影響，在深涌一向沒有海盜及盜賊群集或騷擾。穆神父也曾在深涌傳教。

1879年，於聖教堂村內建立了三王來朝小堂。後來神父在小堂辦學，名公民學校。1956年，小堂及公民學校於原址重建。據當時《公教報》報道，深涌村人口約二百五十人，教友約百餘人。教區資料顯示，1959年，深涌仍有一百二十位教徒。1960年代，該地建有碼頭，且有街渡對外聯繫。

1960-1970年代起，農業日漸式微，很多村民離開或到外國謀生，農田荒廢變成沼澤地。隨着村民他遷，1990年代起，小堂及學校停用，後被荒廢。1990年代末，有地產集團收購深涌大量土地欲加發展。五福礦業（Ng Fuk Black Lead Mining Company）亦曾取得深涌附近鵝頸咀的採礦許可證，但未有證據顯示曾作商業開採。

西貢白沙澳村

　　白沙澳位於香港西貢半島，面對西貢海下灣，白沙澳村為一古老村莊，遠在明朝時，白沙澳已有客家人到來聚居，形成一條雜姓村，有何、翁、葉、林、黃、劉等姓。據清康熙、嘉慶兩《新安縣志》記載，白沙澳村屬於官富司所管屬。該村劉氏於 1805 年到達白沙澳，林、葉及黃氏於 1810-1820 年間遷來建村，他們以農為業，自給自足，過着與世無爭的生活。海下灣於 1800-1939 年間盛產石灰，現時在海下灣東岸共發現四個石灰窰，其中兩個比較完整。村落房屋採用來自海下灣的石灰材料建造。

　　1879-1880 年間，天主教米蘭外方傳教會的外籍傳教士已來到白沙澳佈道。其時，上水廖氏因收取地租問題，曾與該地村民發生爭執。傳教士到來協助村民解決衝突，因而獲得信任，結果有數十名白沙澳村民領洗，皈依天主教，其後更成為一條教友

村，在村山坡前建成小聖堂。

1882 年，華籍傳教士梁子馨神父（1837-1920）駐守此村工作，梁神父為廣東南海人，通客家話及鶴佬話，曾伴同和神父到新安縣考察。和神父曾繪製新安縣地圖，並在白沙澳留至 1890 年始離開。1898 年，和神父被調返香港堅道天主教總堂任職。

白沙澳小堂於 1916 重建，1960 年命名為聖母無玷之心小堂。聖堂保留舊式設計，祭台緊貼牆壁，上面放置聖像，昔日主祭及信友面向祭台祈禱。自 1960 年代梵蒂崗舉行第二次大公會議後，進行禮儀革新，在舊祭台前面加設一座祭台，讓主祭可以面向信友崇拜。教友到來朝聖，可在神父帶領下在聖堂裏面或外面舉行彌撒。

白沙澳村在鼎盛時期，有劉、翁、何等數姓氏共計二十餘戶，惟 1970 年代初，政府截取河溪水，集於萬宜水庫儲存，以務農維生的村民，因此無水耕種，加上本地工業興盛，農業式微，原住村民多入市區或移民海外謀生，村中房屋日漸荒廢。一些喜愛寧靜環境的人士遠足至此，見舊屋丟空，便聯絡村民租住。現今住在白沙澳的村民大部分為租客，原居民則在假日才回來。

村內的何氏大屋及京兆世居皆租予外籍人士。何氏大屋附設更樓及祠堂，為何奕高（1862-1953）於 1911-1915 年間興建。何氏兄弟原籍深圳鹽田，約於 19 世紀末，在英國輪船上擔任海員工頭及燒火，其後開設薦人館，介紹船上工作，自此積聚財富，

並在原居地興建大宅及祠堂，代替原來細小殘破的舊宅。日佔時期大宅曾被日軍佔據。1929-1930 年間，大宅更樓底層改作書堂。1970 年代末，大部分何氏族人移居海外，大宅因此空置。1980 年代中起，大宅租予外國人士作為居所。時至今日，何氏家族仍會於重陽節時返回祠堂祭祖。何氏舊居的門樓、更樓、廂房、何氏祠堂及其兩側廂房獲確認為一級歷史建築。

翁氏大宅京兆世居位於白沙澳下洋，與白沙澳村一路之隔，由原籍廣東歸善縣（今惠陽縣）的翁仕朝（1875-1944）興建。翁氏四兄弟於海下灣建立海下村，初以漁農為業，並且設有石灰窰，燒製石灰及木炭，所產的木炭以船運載，遠送香港仔出售。翁仕朝與何奕高為世交，初住海下村，身兼塾師、醫師及地師三職。40 歲時，帶同妻兒於白沙澳下洋另建家園，大屋於 1918 年落成。大屋三間並列，中央為大廳，內奉祖先靈位，左右兩側為偏房。1940 年因風水關係，在大屋旁加建一座門樓，名厚福門。京兆世居及厚福門皆被評為一級歷史建築。

1980 年代，公教童軍組織接受天主教香港教區的委任，負責管理小教堂，並用作活動中心。2011 年起，再交由東九龍第一百一十七旅童軍管理。由於有人使用，聖堂獲得保養，令建築物的生命得以持續下去。

該堂為一座金字頂的建築物，結構簡樸，門口開在山牆下方，側牆附有鐘樓，拉動繩索敲鐘，可通知村民前來禱告。山牆頂端豎立十字架，下方半圓形門楣上刻有英文字母 AM（Ave

Maria），代表聖母。另外又有 AMDG 四字母，此乃拉丁文 Ad Maiorem Dei Gloriam 的簡稱，中文譯作「愈顯主榮」，是耶穌會的格言，疑該聖堂重修時曾獲耶穌會士之助，又或為修建者希望聖堂愈顯上主的光榮。聖堂擺放的兩行單人跪櫈，原屬港島嘉諾撒聖心書院，由於該校不再使用，結果被運來偏遠的白沙澳，使聖堂增添了古老的宗教色彩。該聖堂現為三級歷史建築。

八鄉錦田的傳教中心：金錢圍

　　金錢圍位於吳家村南部，由來自荃灣城門圍的鄭氏所創建。該族於清朝期間，由福建遷移至東莞，繼於荃灣建城門圍。1920年代，港府徵地興建荃灣城門水塘，族人由荃灣城門圍遷移至不同區域重建家園，部分搬進八鄉，建金錢圍，村屋高兩層。村內有翰鵬鄭家祠。

　　翰鵬鄭家祠建於 1929 年，以紀念城門谷開村祖鄭翰鵬（1714-1749）。據悉，鄭氏初立金錢圍時，生活窘迫，曾拖欠承建商款項，而被迫將祠堂及部分村屋扣按。後經天主教區鴻慈神父協助，於 1935 年把祠堂以三百元按揭給教會，以解決財困。祠堂遂改為小教堂，名聖母七苦小堂（Our Lady of Sorrows Chapel）。教會於家祠屋頂上，豎立十字架，作為標誌。村民多篤信天主教。區鴻慈神父亦曾於 1934 年，在另一幢按揭給教會

的村屋成立錦全學校（小學），教育村民並宣傳天主教。

　　自聖母七苦小堂建成後，金錢圍成為天主教會在錦田八鄉的傳教中心，直至 1966 年，天主教錦田堂區於吉慶圍旁建立聖猶達彌撒中心（St. Jude's Mass Centre），取代聖母七苦小堂，讓錦田八鄉區信徒進行崇拜。聖母七苦小堂自 1980 年代開始空置。

　　家祠於 1966 年交回鄭氏族人管理，其後改辦金錢圍幼稚園，至 1971 年停辦，於 2010 年獲列為三級歷史建築。現時家祠是村中商議事務的地方。金錢圍村民每年重陽等節日，都會前往大帽山拜祭翰鵬公。

金錢圍翰鵬鄭家祠

※ 客家鄉約

CHAPTER 06

鄉約

　　鄉約為一鄉依血緣或地緣關係組成，並訂有規約的民眾組織，目的是禦敵衛鄉，勸善懲惡，廣教化，厚風俗，護山林，或應付差徭等。朝廷曾屢頒聖諭，通過鄉約推廣於鄉村社會。隨着清朝統治日趨穩定，鄉約的地位亦隨之愈加牢固。鄉約被賦予講鄉約、支持教育與科舉、應付差徭、經營鄉約共同財產，以及置買田地等權利。鄉約強化德治、屬行道德教化，把傳統道德和朝廷統治思想傳遞到官府政治力量所不及的地方，有效維繫皇權的權威性與統治秩序。

　　鄉約組織主要以地區範圍為主，以宗族血緣範圍為輔，城市以坊里相近者為一約，鄉村以一圖或一族為一約。其村小人少者附大村，族小人少者附大族，合為一約。各類編一冊，聽約正約束。鄉約的負責人為約正及約副，一般擇德高望重的長者或居家

先達縉紳一人為約正，二人為約副，通知禮文者數人為約贊，導行禮儀者為司講，陳說聖諭，又以讀書童子十餘人歌詠詩歌，其餘士民俱赴約聽講。

清末，新界地區勢力較弱的家族或村莊常會組織聯盟，聯防互衛，以抗拒鄰近較強者。此等自治團體所包括的區域，任由鄉民自願組合，官府對之並無規定，任由其自定呈報。此類聯盟無成文法的根據，但有鄉規習例約束，且會訂立合約，由鄉民自選的總理及地保等維持執行，並獲官方認可監督。此類聯盟因有合約管束，故稱鄉「約」。此類鄉村聯盟分兩大類：其一為小地區內村落的聯盟，以保區內治安太平為主，如衙前圍七約，由衙前圍、衙前塱、沙埔、隔坑、石鼓壟、打鼓嶺、大磡七村組成。另一為由數小地區聯盟合組的一較大區域的聯盟，其目的除保境安民、聯防互助外，亦為改善區內的社會環境及交通，並經營墟市，發展貿易，也會舉辦宗教慶典。較著者有沙田九約，包括：

大圍約：只由大圍一村組成。

田心約：只由田心一村組成。

徑口約：包括上徑口、下徑口及顯田村。

隔田約：包括山下圍及隔田村。

排頭約：包括上禾輋、下禾輋及銅鑼灣。

火炭約：包括百子窩、禾寮坑、落路下、黃竹洋、山尾、河瀝背、石寮洞、嶼背灣、長瀝尾、馬料、馬料水、龜地、赤坭坪及麵房。

沙田頭約：包括塑壆坑及沙田頭村。

沙田約：包括茅笪、十二笏、新塘村、元洲角、王屋村及灰窰下。

小瀝源約：包括插桅竿、牛皮沙、見咀、觀音山、茂草岩、老鼠田、芙蓉別、黃坭頭、大藖、花芯坑、石鼓壟、南山及大藍寮。

該約共有四十餘村，下分九分約，以車公廟為主廟，供奉車大元帥，十年一屆建醮酬神，約內各村亦多參與，此舉直接促進了各村的聯繫，發揚互助精神。此俗至今仍存。

八鄉同益堂

　　八鄉位於香港新界元朗區一個鄉村地區，具有悠久歷史，早於香港開埠以前已有新界原居民居住。近長江村一個路段及大江埔村另一個路段地下，發現宋代瓷器殘片及一個陶罐，證實該處有一個宋朝市集遺址和一個明朝墓穴。

　　關於八鄉名稱的來源有多個版本，較廣為流傳者，為早期該處共有八條村莊，因名八鄉。如今八鄉由三十條村落組成，人口約三萬餘，原居民村有長埔村、竹坑村、下峯村、河背村、甲龍村、蓮花地、馬鞍崗村、牛徑村、上峯村、上村、水流田村、水盞田村、大窩村、田心村、橫台山下新屋村、橫台山河瀝背村、橫台山羅屋村、橫台山散村、橫台山永寧里村、元崗新村、元崗村。非原居民村有長江村（1930 年代由林村麻莆尾遷入）、金錢圍村（1920 年代末由城門遷入）、雷公田村（解放軍軍營）、吳

家村（1930 年代遷入）、彭家村（1940 年成立，舊稱石崗）、石湖塘村（1910 年代遷入）、打石湖村（1949 年附屬八鄉鄉事會）、大江埔村、七星崗村（1920 年代末由城門遷入）。

八鄉同益堂

八鄉各村為雜姓，清初成立的聯盟祖堂為同益堂，由「四本戲」村落組成，目的是在觀音誕及秋分時，籌神演戲及舉行齋宴、盆宴。八鄉古廟為同益堂產業，按傳統，在每年觀音誕及秋分，都會在八鄉古廟分別舉行齋宴及盆宴。當初每次於古廟籌神演戲時，會分成四組鄉村，每村居民負責搬棚、送棚、抬戲箱及送戲箱等工作，稱為四本戲鄉村。四組村落為：（1）元崗、元崗新村、長莆、大窩、大凹；（2）蓮花地、牛徑、水盞田、馬鞍崗、河背；（3）上村、雷公田、甲龍、水流田；（4）橫台山、水澗石、上輋、下輋。

同益堂在 1921 年集資興建八鄉同益學堂，由當年的港督司徒拔爵士主持開幕典禮，是新界第一所正規鄉校，後改稱八鄉同益公立學校，早前被政府及古物古蹟辦事處評定為二級保護文物及三級歷史建築。2003 年與石湖學校合併而成現時八鄉中心小學。

八鄉古廟

八鄉古廟為同益堂產業，建於清乾隆二十八年（1763），並

八鄉古廟內的烈士神位

曾於咸豐十一年（1861）、光緒十三年（1887）、1963年及1987年重修。香港日佔時期，曾是抗日基地。2012年曾失火再重修。

1898年英國接管新界時，新界居民群起反抗，與英軍發生激烈衝突，新界六日戰展開，其中的石頭圍之戰，令村民傷亡慘重。抗英六日戰爭結束後，在八鄉古廟右側的烈士祠設立靈位，悼念為保鄉衛族壯烈捐軀的烈士。

古廟共有四個大殿：左殿侯王殿、華光殿；正殿觀音殿；右殿天后殿。古廟右側有烈士祠，悼念歷來為八鄉犧牲的烈士。另外，現還加有關公殿、佛光像及斗姆元君像。廟外有一株年過百歲的古樹，是香港同屬樹中之最。該廟今為香港二級歷史建築。

對烈士的秋祭

八鄉村代表每年秋分日都會齊集八鄉古廟，拜祭在新界六日

戰中為保鄉衛族而壯烈犧牲的烈士。當年參與抗英的鄉民來自不同村落，雙方衝突由 1899 年 4 月 3 日起，持續半月之久，以 4 月 18 日在八鄉上村石頭圍一役最為慘烈，由於鄉民的武器設備落後，無法抵擋駐港英軍，終於在 4 月 19 日宣佈投降，估計有多達四百五十名鄉民陣亡。

八鄉祖堂同益堂事後尋獲五十五名殉難的八鄉村民的名字，在八鄉古廟旁修建烈士祠，祠內供奉兩木神位，上神位刻有二十七位烈士芳名，下神位刻二十八位烈士芳名；另加一排古廟的歷屆司祝神位，各烈士均被賦予「處士」銜頭，同時亦另設一無名女烈士神壇。

同益堂將每年秋分日定為拜祭日，悼念為村捐軀的先烈。拜祭完畢後，於廟前以盆菜招待出席的同益堂轄下各村六十歲以上男性村民。據云：早年六十歲以上出席者，每人且可獲分派豬肉一斤，隨着時代發展，由 1980 年代末起，已改為分派燒肉，最近更以一封利是代替。

太平清醮

根據日本學者瀨川昌久的研究，八鄉在 1940 年代以前，有由「四本戲」在八鄉古廟前主辦的聯合醮會，祭祀於清嘉慶至同治年間（1796-1874），因與敵對的錦田鄉械鬥而犧牲的鄉民，傳因戰後生活困難而停辦。

八鄉現時仍有蓮花地與牛徑村的合山圍五年一屆太平清

醮（最近一屆在 2017 年舉行）及元崗村八年一屆太平清醮（最近一屆在 2018 年舉行），其他村落如橫台山及上村，則早已停辦。建醮的目的，為祈求百業興盛，降福迎祥，風調雨順，國泰民安。

合山圍包括蓮花地及牛徑村兩村，醮期五年一屆，均為三日四夜，兩村傾力籌備，僑居海外的村民亦會回鄉參與，打醮期間均需進行齋戒。行香巡遊隊伍由蓮花地村出發，沿錦上路步行往八鄉古廟，再經元崗村返回蓮花地村。

元崗村八年一屆打醮，村民以梁姓佔多數，於年初在村內眾聖宮進行「打緣首」，每戶均可參與擲杯，以連續擲得勝杯次數多寡定出十八名緣首，擲得最多勝杯者位列「頭名緣首」。

盂蘭勝會

大江埔村的潮籍僑民每年農曆七月舉辦盂蘭勝會超渡亡魂，由潮僑盂蘭會有限公司管理的天德宮舉辦，仍維持派米的傳統活動。

大埔林村鄉六和堂

　　大埔林村鄉，位於香港新界大埔林村河溪谷沿岸。早於宋末期間，已有居民聚居。該鄉之得名，蓋因最早入居該地的人士為林姓之故。該地林氏原籍福建莆田，於南宋末年，經漳州平和、惠州海豐，進入廣東東莞，最後於林村定居，開村名坑下莆。元末，何真起兵抗元。至正十九年（1359），何氏命林一石築守林村營，可見其時該地的地位已甚重要。歷明代，該族人口日眾。

清初的林村鄉

　　清初，為免沿海居民接濟台灣鄭成功等反清勢力，遂行遷海令，廣東沿海居民盡遷內地，林村因位於遷界內，故居民盡皆遷移內地，致村莊荒廢。康熙八年（1669）展界，居民始被許遷回故地。時因遷回者少，故政府鼓勵鄰近地區的客籍人士入遷定

崇文重教：香港新界客家歷史與文化

居，以充實該地戶口。其時，入遷者有陳、張、鍾三姓人士。

陳氏原籍福建汀州寧化，元末時入遷廣東潮州饒平，明代中葉時遷長樂，清康熙年間（1662-1722）始移居新安，於林村坑下莆毗鄰建社山村定居。鍾氏原居長樂清化，明末移居東莞，康熙年間始入遷新安林村，散居坪朗、鍾屋、新村、田寮下、大崦山、大崦及寨凹等村落。張氏原籍福建福州福清，南宋期間遷居東莞篁村坑尾，明初移居新安涌頭，清康熙年間入遷林村圍頭村。其時，除上述三姓族外，塘面村鍾氏及張氏、大庵村張氏、梧桐寨古氏、白牛石梁氏、水窩沈氏、新塘溫氏、蓮澳李氏及鄭氏、麻布尾梁氏、龍丫排溫氏等亦相繼遷入。

清代中葉的林村鄉

清乾隆、嘉慶期間（1736-1820），林村鄉推行保甲法，林村鄉約共編組成六甲，每甲十牌，每牌十戶，牌設牌頭，甲設甲頭。闔鄉約共二十六村，屬新安縣六都官富司管轄。各村甲包括地域如下：

第一甲：大崦山（鍾氏、張氏）、坪朗（鍾氏）、龍丫排（溫氏）、小崦山（溫氏）、田寮山（鍾氏）、新塘（溫氏）、蓮澳李屋（李氏）、蓮澳鄭屋（鄭氏）。

第二甲：寨凹（鍾氏）、水窩（沈氏）、大崦（張氏、鍾氏）。

第三甲：新村（鍾氏）、社山（陳氏）、新屋仔（溫氏）。

第四甲：大芒輋（黃氏）、上白牛石（梁氏）、下白牛石（梁

氏)、梧桐寨（古氏、邱氏、沈氏）、麻布尾（梁氏）

　　第五甲：塘上村（張氏）、鍾屋（鍾氏）、放馬莆（黃氏）。

　　第六甲：坑下莆（林氏）、圍頭（張氏）、南華莆（林氏）、較寮下（林氏）。

林村鄉六和堂

　　各宗族入遷後，開始定居生活，建築宗祠，作為各族的中心。鄉內各姓皆擁有宗祠。只南華莆、林村新村及圍頭三村內未有祠堂。各族因於林村河兩岸進行耕作，需合作解決水利問題，遂合組六和堂，共同聯合防禦，對抗掌握林村谷地農耕支配權的龍躍頭鄧氏。

　　有關林村約屬各村與龍躍頭鄧氏的械鬥，林村天后廟左旁的文武廟內壁上所嵌的 1992 年碑記有載，文云：

> 　　本神龕內受本鄉供奉之十二位烈士，傳來已久，雖年代無可稽考，以事跡推算，總不出清末光緒或上接同治年間，又遂向年長一輩查考，只知其梗概，故作簡略記載，使後之祀者亦知林村鄉內，有大義凜然之英雄義士，而肯作壯烈犧牲，捐軀而保家鄉也。
>
> 　　事緣古之封建時代，法理不全，多恃強凌弱，眾欺寡，尤其微有功名官職者，就恃勢凌人，不論遠近均任其呼喝，地方官亦莫奈之何！

當時粉嶺區有一村（今諱其名），其鄉不大，但有功名，鄉民就強橫自大，視林村為其封土，令每年上繳租穀若干，村民不服，合力抗拒，該村狂徒則聯群來攻，大隊人馬到太坑時，本鄉義士，則在圍頭崗佈防，抵禦侵襲，對壘多日，敵人不得逞，因子彈告罄，改以小鐵鏈入狗乸炮之槍膛內射去（狗乸炮比火藥槍為大），令對方死傷不少，始退去，而本鄉當時殉難者亦眾。

　　事後本鄉為表敬仰，在本天后宮內另闢一室，設一護鄉長生祿位，作為供奉該批殉難烈士之靈座，以慰在天亡魂，且以留之久遠。

　　又略述當時供奉之護鄉長生祿位，既成烈士，又何來長生祿位？後據耆老指出，以長生祿位當神牌，實為避免狂徒與惡勢之干擾，不過藉以掩飾，隱藏不露，實則神牌背面有記下死難者之真實姓名。今時移勢易，本鄉為表彰死難者之功績，謹將殉難烈士之英名，勒諸雲石，公諸後世，登正神位，永享鄉民香火，並於九一年十一月廿四日卜吉開光。今後神樂人樂，神安人安，永垂不朽也。

　　　　　　　　　　　林村鄉公所主席陳興暨全體委員同立
　　　　　　　　　　　鍾奕明、梁世玉口述；張枝繁撰記
　　　　　　　　　　　一九九二年吉月吉日

林村約放馬莆天后廟

18 世紀末年，林村約六和堂屬二十三村（連支村共二十六村）籌建放馬莆天后廟，用作該約的公所，並於廟旁建義祠，安奉十二位護鄉烈士及義助建廟的鄧氏夫婦的長生祿位，每年秋分，鄉民共祭。義祠旁為公所，舊為該約議事處，亦曾用作警察派出所。

19 世紀初，該地人口眾多，據所存資料推斷，第一甲有一千人，二甲有五百一十人，三甲有三百八十五人，四甲有五百一十人，五甲有四百零五人，六甲有四百九十五人。

林村約十年一屆太平清醮

自清乾隆間（1736-1795）建廟後，林村約每十年舉行一次太平清醮，以放馬莆天后廟為祭祀中心，一連五天酬神祭祀。各村居民皆誠心齋戒，聘請法師設壇，誦經祈禳，分衣施食，使陰陽二界神靈，同受其惠。同時一連五天公演粵劇，使人神共樂，祈求闔境昇平。

該區因遠離繁囂的市鎮，故至今仍能保存農村淳樸風貌。其十年一屆太平清醮之俗至今仍存。

大埔樟樹灘約

　　樟樹灘鄉位於香港新界大埔區白石角大埔尾，處香港中文大學與鹿茵山莊（前身為香港聖公會聖基道兒童院）的盤谷中間，屬客家鄉村，原由樟樹灘村、大埔尾村及赤坭坪村三村組合而成，後政府將赤坭坪村改編，脫離樟樹灘鄉，歸屬沙田區。

　　樟樹灘與大埔尾兩村在全盛時期約有兩千名居民，村民多以務農或捕魚為主，飼養六畜為副，收獲用木船載往大埔墟販賣。50年代初，兩村青年陸續出外謀生，主要前往英國，安定後甚至舉家移居海外。近年有部分村民回歸，現時兩村居民約有五百人左右，以邱姓人數最多。

樟樹灘村

　　據樟樹灘村村公所內碑記所載，該村原名樟溪，另有土名稱

額珠頭、白石角、檸檬窩、蕉坑、排門、橫巷、店巷、官坑、黃坭塊、新屋家、螺殼峴等。該村與毗連的大埔尾村同屬大埔七約中樟樹灘約之樟樹灘鄉。樟樹灘村由於四周樹林以樟樹居多而得名，但在日佔時期遭大量砍伐，至今僅存樟樹數棵。

樟樹灘村於清康熙八年（1669）立村，康熙二十七年（1688）的《新安縣志》中，大埔區內有名樟樹坦的村落，疑即樟樹灘村。該村居民祖先選擇樟樹灘為落腳謀生之地，蓋因該處小丘後長有樟樹樹林，旁有溪水，前有海灘，因名樟溪。相傳居民來自河南，多以務農維生，輔以漁業，村前海灘盛產貝殼類生物，村民在海灘可隨手挖出大量貝類、蝦、蟹、海星、海參、海膽等物。

海灘右前方築有由大石堆砌而成的碼頭，俗稱「大碼頭」，為該村對外的連接地點，沿岸村民都以此為上落點。但自吐露港公路建成及大埔工業村興建後，整個大埔吐露港受到嚴重污染，海水混濁，魚類貝殼類大量減少，村民的海上活動亦相繼停止。

最早落籍的是溫、廖、駱三姓，現今僅存溫氏一族。溫氏最早居於樟樹灘，開基祖為溫漢楊，生有二子，長子俊輝、次子俊松，形成溫氏兩大房。村內的溫家祖祠於 1982 年重建，祠堂名三勝堂，呈單間一進，內堂置一木主，上書「溫氏堂上歷代祖先考妣神位」，牆壁懸掛一鏡框，上書 1982 年二十二名溫氏族人的捐款名單及款額。村民每歲農曆年三十團年及年初二開年都會

到祠堂祭祖，新春期間亦會到祠堂「點燈」。

及後，邱姓自廣東博羅縣遷入，江、鄭二姓隨之。清同治十二年（1873），樟樹灘村與鄰近的赤泥坪村（今歸屬沙田區），以樟樹灘約名義，參加大埔七約。1920年代，鄭姓村民不知原因之下全部遷離該村，留下舊居房屋，後成頹垣敗瓦，鄭氏祠堂亦因乏人料理而損毀倒塌。部分鄭姓居民現居大埔錦山村附近。

樟樹灘村現時以邱氏人數最多，邱氏原籍福建，其後移居廣東博羅，清初遷入新界，分為四大房，分佈於林村、新屋仔、赤泥坪及樟樹灘。樟樹灘村邱氏的開基祖為排行最小的燦斐祖，其下再分五小房。村內有燦斐邱公祠，為兩進單間式，祠內牆上有對聯：「博羅移安，三百餘年春祭秋嘗明祀典；繼龍迄泰，二十六世左昭右穆序源流」。堂內供奉「邱氏堂上始高曾祖考妣神位」，旁邊供奉「敕奉義勇關聖帝君尊神位」。每逢農曆年三十團年及年初一，邱氏族人均會齊集祭祖。邱氏習俗只行重陽秋祭，拜祭大埔林村的「大婆」，以及西貢的「阿公墳」與「細婆」。此外，邱氏亦會組團前往廣東博羅，祭祀老祖宗。

樟樹灘村的江姓原籍河南省淮陽縣周口市，清初移居樟樹灘村。江氏宗祠於2006年完成重修，為單間一進，內堂供桌上供奉「江氏堂上始高曾祖考妣神位」。江氏目前只有少數仍居村內，但每年秋祭均會到西貢拜祭太公墓。

大埔尾村

大埔尾村位於香港新界大埔區白石角大埔尾，屬客家原居民鄉村，與毗連的樟樹灘村同屬大埔七約中樟樹灘約的樟樹灘鄉。

大埔尾村居民均為李姓，原籍廣東省長樂縣何樹排（五華錫坑）。始祖李仕映，於清康熙年間（1662-1722），攜子芳遠移居東莞，後再遷移到寶安縣（今深圳市）第六都，其後芳遠祖舉家南遷樟樹灘開枝散葉。1905 年香港政府進行「土地登記」後，由李姓佔據的樟樹灘村部分土地獨立成為大埔尾村。李姓立村迄今已有九代。

村內有李氏宗祠，建於清同治時期（1862-1874），曾於 1983 年重修，祠門有楹聯：「李唐世系，跨海家風」。日佔時代，祠堂內的香案及文物盡失，戰後才由村民重新添置。宗祠門前設有禾堂，地面因風水關係，採用凹凸不平的石塊鋪砌，後世子孫不可更改。

樟樹灘協天宮

樟樹灘村內有協天宮古廟，是香港二級歷史建築物，由溫姓始祖建立，建造日期不詳，初僅為小型廟宇。其後因香火鼎盛，遂於清光緒二十四年（1898）擴建，並刻石誌其事，宣統三年（1911）及 1997 年重修。在村公所出現之前，協天宮是樟樹灘與大埔尾村的最高權力組織。

廟內主祀關聖帝君，陪祀關平太子及周倉大將，配祀太歲及

樟樹灘協天宮

福德。據云早期廟內有四副木刻對聯，其一：「義氣翠桃園，兄弟三人，三顧勤勞垂簡冊；精忠扶漢室，君臣一德，一生功業炳乾坤」；其二：「伐吳魏以興劉，耿耿丹心昭日月；封侯王而至帝，巍巍大德配乾坤」；其三：「義膽忠肝，龍虎相從兄及弟；單刀匹馬，華夷共仰古猶今」；其四：「千秋大義無雙士，萬古精忠第一人」。惜四木聯同於日佔時期被燒燬。

廟內有〈重修武帝古廟樂助芳名開列〉碑，文云：

蓋聞伐魏吞吳，共仰精忠於竹帛；和兄盟弟，聿昭大義於桃園。溯我樟樹灘　協天宮，前環鴉海，後枕鹿山。人傑地靈，創建曾經數世；民安物阜，顯靈亦覺多年。既有感而皆通，自無遠而弗屆。但宮殿卑微，求福者不勝熙來攘往；堂階湫隘，問神者每多接踵摩肩。爰叩　帝君之前，降童諏

吉；遂於戊戌之歲，鳩工庀材。垣墉依舊，棟宇維新。錯綜
鏤金，繪丹青而設色；增楹刻桷，塗碧□而流輝。睹　廟貌
之光華，氣象克臻廣大；喜　神龕之壯麗，規模益見恢宏。
然經營總藉於同人，而資助實叨於善信。茲落成工竣，應刻
石而誌豐功；盛德流傳，即勒碑而銘偉績。見善則登，蚨葉
已分於多寡；有條不紊，鴻名自別於後先。將見威靈烜赫，
百姓皆沾樂利之庥；邪瘟驅除，千秋共感無疆之福。爰立數
言，以垂不朽。

（捐者芳名從略）

光緒戊戌年十月吉旦重修

戰前，樟樹灘村及大埔尾村各姓村民於每年農曆五月十三日
關帝誕，例必搭棚上演四日五夜粵劇神功戲，酬謝神恩及祈求來
年順境。開台首日，先抬出關帝神像到戲棚前的神棚安奉，並鳴
鑼十三響以表恭敬。

樹人學校

樹人學校位於樟樹灘協天宮旁，創辦於 1938 年，初期借用
協天宮作為校舍，翌年獲教育司署批准特別津貼。日佔時期停
辦，重光後復校。於 1952 年在教署登記註冊，並成立校董會。
1962 年增建獨立校舍，翌年增建課室及擴建校園。1970 年代為
學校的全盛時期，學生除來自樟樹灘村及大埔尾村外，亦有來自

鄰近大埔滘村及赤坭坪村。其後因區內村民外移者眾，加上出生率下降，學生人數日減，終因收生人數不足，於 1989 年停辦。

大埔尾及樟樹灘二村的社稷大王壇與伯公壇

大埔尾及樟樹灘二村村民所供奉的社稷大王壇與伯公壇，同位處樟樹灘村村內，兩壇毗鄰，兩神同屬土地神。社稷大王代表全村福祉，故神壇較大，有對聯：「大德巍峨千古仰，王恩浩蕩萬民安」。壇側的伯公壇較小，祭祀目的是希望能保護鄉村免受海水倒灌入村的威脅。在填海以前，伯公坐落的位置為村口的水口，故稱「水口伯公」。以往每逢有婦人嫁入兩村，需先於祠堂祭祖，繼拜伯公，最後才到協天宮參拜。

大埔尾村的做社銀會

大埔尾村的村民以往有做銀會的習慣，其中一種稱為「做社銀會」，目的是提供祭品祭祀社稷大王，稱「做社」。對於村民來說，做社是每年重要的儀式，在正月內進行，只限村內六十歲以上的老人家參加，籌集所得的金錢，除購買祭品外，還足夠供他們大吃一頓。

赤坭坪村

赤坭坪村、大埔尾村及樟樹灘村以往合稱樟樹灘約，其後由於沙田區脫離大埔區，成為獨立行政區，於是赤坭坪村遂改由沙

田鄉事委員會負責，而大埔尾村及樟樹灘村則歸大埔鄉事委員會管轄。

赤坭坪村位於香港中文大學毗鄰谷地，因其赤紅色的泥土而得名。該地位處一山坳的凹下處，當翻起大風時，山坳就像一天然屏障，保護村民及其財產。就風水而言，村民認為該村位於龍頭位，但自大埔公路建成後，其地就像龍頭被斬去，龍頭與龍身一分為二，以致風水受到破壞。

該村居民有丘、文、駱、關、聶等姓，以丘姓為多，皆客籍人士。該族祖先原籍河南，清初自廣東省博羅縣遷來。據河南堂丘氏族譜所載：「十九世祖諱祖發公……世簇分移到新安麻雀嶺（位於今沙頭角），迨後錦祥公至樟樹灘、赤泥坪。」

村民以往從事耕種維生，田地遠在香港中文大學水塘處，因該處地勢較平坦；亦有村民以捕魚維生，有將魚獲擔至偏僻鄉村出售，也有擔往大埔販賣。今日的赤坭坪仍有少許農地，曾種植蘿蔔，現改為種植香蕉，因其粗生及不用除草。

過往，村民甚少受教育，該村的書塾設於 1930 年代，位於丘氏宗祠旁。但因村民普遍窮困，完成小學課程者甚少。

打鼓嶺六約

　　打鼓嶺位於香港新界北部，毗鄰沙頭角地區，其得名由來，據民間所傳，該地於明清間，常為盜寇所擾，遂組聯盟鄉約，派人守衛，遇有盜寇來犯，則鳴鼓示警，齊集村民抵禦。另一傳說云：該區北面為黃背嶺村（今深圳河北），人多勢強，每每南下欺壓打鼓嶺區內居民，居民遂於其來犯時，擊鼓齊集，以作抵禦。惟據清康熙、嘉慶兩《新安縣志》所載，則謂「打鼓嶺在（新安縣）六都，俗傳風雨夜，聞鼓聲」。是則此為自然現象，蓋該地有高山，狂風暴雨打下的回聲如鼓聲，夜靜時較易聽聞。其得名原由，方志已載，上述民間傳說只可視為掌故。

　　自清康熙九年（1670）展界，香港新界地區的居民陸續遷回，惟有的遷界時死於途中，有的客死異鄉，亦有的定居他地，未有遷回，故真正回歸故土者少。時政府為增加境內居民，遂於

雍正、乾隆間（1723-1795），通令鄰近地區人士，鼓勵入遷，且設獎勵。時居鄰近的客家人士，以其原居地生活較艱苦，故遷入擇地定居，開村立業。香港地區氣候溫和，雨水適宜農耕，故打鼓嶺平源河一帶，亦為客家所遷居聚居。

其時，區內有香園（下香園附）、松園下、竹園、鳳凰湖、簡頭圍、塘坊、老鼠嶺（又稱周田）、木湖（又稱李木湖）、木湖瓦窰、新屋嶺、羅湖、得月樓、禾徑山、坪洋（瓦窰下附）、李屋、坪輋（水圍、隔田、元下、塘坑林附）、山雞乙（上下村）、大埔田等十餘鄉村，中以坪輋、坪洋等村較大。

該區北面黃背嶺張氏及西面湖貝、水貝等村莊，勢力強大，與南部孔嶺地區的本土村民合組的四約（龍躍頭約、丹竹坑約、蓮麻坑約、萊洞約），對此等新入遷者並不友善，故械鬥事件間有發生。太平天國運動後，清政府民心盡失，新安縣政府無力維持境內治安，各村為求自保及協調分配平源河水等問題，遂聯合組成六約鄉盟，以該地的天后廟為會盟辦公之所。

該天后廟建於清初，原位於坪輋以南的流水坑，據說於清乾隆二十一年（1756），區內香園圍萬氏、坪洋陳氏及坪輋曾氏，以今坪輋村旁天后古廟之地為佳地，故將該廟遷建是處。

坪輋村位於新界北部邊界打鼓嶺區內，為萬、區、曾三姓所建立。最早入住者為萬氏，原籍廣東五華，繼遷東莞太平，於明崇禎十一年（1638）遷入坪輋地區，首住鹿公山西南麓水流坑畔，後以該地低窪，故移遷今地，建村屋兩排，稱坪輋老圍。

其後人亦有分遷隔田村、元下村及塘坊村等地。區氏原籍廣東順德，於明崇禎十六年（1643）遷入居住。至清宣統年間（1908-1911），曾氏亦自沙頭角遷入，向萬氏購入坪輋村後排屋宇，共同發展該地。

坪輋天后古廟為兩進三間式，以青磚建成，門額「天后古廟」，中門上懸民國六十五年（1976）坪輋村順意堂花炮會於重修時送贈的「龍天擁護」木匾，左壁下置清乾隆二十一年（1756）製銅鐘一口。廟內另有雍正五年（1727）「萬名爐」所造響板一塊。正殿供奉天后元君，右殿供奉福德正神，左殿供奉金花聖母。

廟的左旁為平源公所，為各村代表開會之地，1968 年前，打鼓嶺鄉事委員會亦設所內。右旁為義祠，祠內中門門額「昇平社義祠」，正中神龕內供奉「護國總鎮諱眾友例授英雄履考之神位」，用以紀念為保衛鄉土於械鬥中喪生的烈士。神位旁有清光緒十九年（1893）鑄造的天后宮銅扇。

該廟一度用作該區各村的嬰兒出生登記處。1950 年前，義祠亦曾用作教育場所。二戰前，村民例於義祠內舉行春秋二祭。每年天后誕，該廟都會舉行慶典，屆時廟前有粵潮神功戲劇上演，並有醒獅表演及搶（花）炮活動。

沙頭角十約

沙頭角區位於香港新界東北角，深圳河出口處，是大量沙泥沉積而成的突出海角，清晨及黃昏期間，陽光照射海濱沙灘上，銀光閃閃，有「日出沙頭，月懸海角」的美譽，因名。該地清朝時原屬新安縣東和鄉，1898 年英人租借新界時，於該處以深圳河劃界，將該區劃為兩地，北面屬中國，南面屬香港新界北區。因政治關係，中英政府將沙頭角區鄰近深圳河兩岸土地劃為禁區，設置關卡管理，村民凡穿越兩地者，皆須申辦許可證，普通人士則未能進入。該情況至今仍如此。

沙頭角墟（東和墟）

沙頭角墟創設於 19 世紀初，為沙魚涌一位潘姓人士所倡議設立。該墟創立之前，該地村民只得往深圳趁墟，交通不便。自

沙頭角墟創立後，村民紛紛建舖開業。並定農曆一、四、七日為墟期。該墟初名桐蕪墟，後稱東和墟，為東和鄉十約近百鄉村的總墟集。以天后廟為中心，內置公秤，以調解村民買賣時的糾紛。1898 年後，因沙頭角分屬中英兩方，十約中南部八約土地租予英國，北面兩約則仍位於中國境內，自此兩地村民來往不便，東和墟的繁榮遂減。

東和墟組成之初，沙頭角及鄰近百多村落，合組沙頭角十約，以策劃及管理墟務。其時，區內除萊洞、大塘湖、風坑、後埔及吉澳等村未有加入十約，其餘各村皆已加入。十約及所屬各村名稱列後：

第一約：沙魚涌各村。

第二約：鹽田各村。

第三約：上下保（牛欄窩、暗徑、沙井頭、元墩頭、官路下、山咀）。

第四約：蓮麻坑。

第五約：担水坑、新村、木棉頭、塘肚山、沙欄下、榕樹澳。

第六約：上下麻雀嶺，石橋頭、鹽灶下、大塱、烏石角。

第七約：上下禾坑、坳下、萬屋邊、崗下。

第八約：南涌、鹿頸、鳳坑、雞谷樹下、南坑尾、七木橋、石板潭。

第九約（又名慶春約）：荔枝窩、鎖羅盆、三椏、梅子林、

蛤塘、小灘、牛池湖。

第十約（又名南約）：烏蛟騰、橫山腳、阿媽笏、涌尾、涌背、金竹排、橫嶺頭、大小滘、九擔租、苗田仔、紅石門、坭頭石。

十約中，一、二兩約及三約部分村落位於深圳區內，餘皆屬香港新界北區。如今，其維繫已大不如前時。

慶春約

慶春約位於新界東北，屬沙頭角十約之一。由荔枝窩、鎖羅盆、小灘、梅子林、蛤塘、三椏及牛池湖七村組成，創立於 19 世紀中葉。該約之組成，目的為聯防互助，保境安民，在經濟上相互協調，團結一致，守望相助，改善區內的社會環境，以及舉辦宗教慶典。該約以協天宮及鶴山寺為主廟，供奉關聖帝君及觀音大士，十年一屆建醮酬神，除約內各村外，鄰近鄉村亦有參與，直接促進了各村的聯繫，發揚互助精神。此俗至今仍存。

該約各村除荔枝窩村外，各村規模都不大，人口不多，故其制度組織，實難如官方定制，且年湮代遠，舊日的制度組織紀錄已經遺失，無法考究。今慶春

荔枝窩慶春約

七約村務委員會成立於 2003 年。2010 年時，該會設主席一名，副主席兩名，委員七名及顧問三名。2011 年時，該會有理事四名，包括慶春約主席及副主席、海外會長及副會長各一名，另有榮譽顧問八名，當然執行委員七名（每村一名）及司庫四名。至於其他工作人員，則於需要時再另行召集。

荔枝窩村內原有黃曾兩氏合組的培成堂（村內另有先育堂，屬荔枝窩村曾氏創立），該堂的創立年代難考，疑因 2014 年政府收地時重組，定名為荔枝窩村培成堂委員會，其宗旨為「促進荔枝窩村村民團結合作精神，守望相助，團結和諧，凝聚力量，加強共識，建設、維護及爭取本村權益」。凡屬荔枝窩村原居民，即便遠居世界各地，皆有權參加。經費來自祖宗嘗產及一切權利收入，本村村民、社會機構及人士捐助。最高層為荔枝窩村村民（原居民）大會，每年召開一次，法定人數十五人或以上，選出四房代表，由曾姓三房及黃姓一房（每房兩位代表）及當屆兩位原居民村代表共十人為委員會委員，設主席一名、副主席一名、財政一名、秘書一名，召集人一名。主席一職必須是當屆原居民村長，其他職位由委員互選產生，任期與村長任期相同，都為四年一任。每年最少召開四次會議，法定人數最少七人。委員會是村民大會以外的最高權力機構，負責處理村中事務，並有權聘請社會人士和專業人士為顧問（顧問沒有投票權）。

九龍城衙前圍七約

九龍城衙前圍七約，是由衙前圍及鄰近的衙前塱、大磡、隔坑、石鼓壟、打鼓嶺、沙埔、馬頭圍、馬頭涌等村落合組的聯盟，並由衙前圍處領導地位。

衙前圍村原名慶有餘圍，位於香港九龍城東頭村南面，舊九龍寨城東門外，為一廣府人士建築的圍村，由陳、吳、李三姓人士所創立。早於北宋末年，江西廬陵陳氏便避亂遷入廣東南雄，至南宋末年，始遷入今九龍城地區內衙邊鄉定居。其時，南宋政府於九龍灣畔設置官富場，並有衙署，衙邊鄉當是位處衙署旁而得名。元朝中葉，東莞吳家涌吳氏八世祖吳從德的三子吳成達，入遷今衙前圍村之地，開基立業，建衙前村。吳成達為今衙前圍吳氏的始祖。至於該村的李氏，則其先祖的原籍及定居衙前村的年代無考，有傳謂與吳氏同時遷入。

衙前村的創建

陳、吳、李三姓先祖先後入遷官富場旁衙邊鄉之地，至元至正十二年（1352）於該處開村定居，名衙前村，居民以漁農為業。明嘉靖、隆慶年間（1522-1572），該區常受寇盜侵擾，衙前村因位處濱海之地，亦多海寇肆虐，故於村外加築圍牆以自保，遂成衙前圍村。據故老相傳，圍村建於 1570-1574 年間，傳由名風水師賴布衣點址，建於沙田大圍建築之前。自圍村建成後，村民安居樂業，人口繁衍。

清初，以明遺臣鄭成功等於沿海抗清，朝廷為絕沿海居民對其聯繫接濟，遂於康熙元年（1662）厲行遷海，強令沿海居民遷回內陸。衙前圍村位於九龍城海濱，故居民全需遷回內地，圍村遂被廢置。至康熙八年（1669），始撤除遷海令，居民被許遷回。遷海期間，部分族人流失外地，復界後遷回村內居住者，只餘十二人，陳、李二姓無考。

慶有餘圍的建立

清雍正二年（1724），吳、陳、李三姓族人合力重建家園，修築圍村，開井而居，並將圍村名為慶有餘圍，義取「慶幸有剩餘」之意。雍正四年（1726），於圍內正巷盡頭處闢建天后宮一所，內奉天后神位。雍正十年（1732），舉行第一次太平清醮，並定十年一屆之例。

清道光二十一年（1841），香港島割讓予英國，朝廷為加強

九龍地區的防務，遂於道光二十三年（1843）議建九龍寨城，道光二十七年（1847）竣工。衙前圍村因位於寨城附近，故治安較前為佳。咸豐四年（1854）太平天國期間，三合會分子曾攻擊衙前圍村，相傳村民得天后顯靈幫助，成功擊退敵人，村民領袖吳樹棠更曾獲政府表揚。

衙前圍與七約

早於復界遷回時，衙前圍與鄰近的衙前塱、大磡、隔坑、石鼓壟、打鼓嶺、沙埔、馬頭圍及馬頭涌等村落，便合組七約聯盟，以解決村落間的糾紛，並聯合防備盜賊。各村皆奉衙前圍內天后宮所供奉的天后為守護神，並聯合舉辦十年一屆的太平清醮，至今相傳不替。自七約聯盟成立之始，衙前圍已處領導地位。

如今各村皆遷拆無存，惟每屆醮會仍以衙前圍七約名義如期舉行，至今猶然。2006 年第二十九屆七約太平清醮場地設於衙前圍門前空地，2016 年第三十屆則於圍後舊至德公立學校操場舉行。

日佔時代的衙前圍

衙前圍村向有組織自衛隊，該隊有隊員二十餘人，常巡守圍村地域，保護村民。1941 年 12 月，日軍佔據香港，時有侵擾該村，村長吳渭池與自衛隊隊長吳華友率眾奮勇抵抗，保土衛民，

部分隊員於抗日時壯烈犧牲，其靈位現仍供奉於吳氏宗祠內，四時拜祭。

衙前圍的形制

衙前圍村為一廣府圍村，呈正方形，四角築有更樓，開一門，東向。門前為廣場，前為水溝，舊有吊橋橫跨，18 世紀後改為狹窄堤道。圍門上嵌石額，陽刻「慶有餘」三字。圍門內設有土地神位，門樓亦曾闢作村公所辦事處。

圍內主巷盡頭處為天后宮。主巷左右有六條狹窄橫巷，橫巷兩旁房屋整齊排列，共百餘間。各屋除用作居室外，亦有作柴房及飼養禽畜之用。各居屋面積不大，開一門，原無窗，近年加開，並裝鐵枝防盜。門內兩旁原為廊，中為天階，與兩廊連接，內進為廳，部分安奉祖先靈位，背後及閣樓則用作房間。

衙前圍天后廟

天后廟位於圍內主巷盡頭神樓處，規模不大，建於清雍正四年（1726），乾隆二十八年（1763）、民國二十六年（1937）、民國三十七年（1948）、1976 年及 1985 年多次重修。廟門上懸「天后宮」木額，門旁木聯：「天恩浩蕩，聲名傳海國；后德巍峨，靈顯在人間」，為民國二十六年（1937）重修時，美洲紐約九龍城房同人敬送。聯旁有石獅一對。

廟內正中供奉天后神位。兩旁壁上分嵌 1948 年的〈重修天

后宮碑記〉、1976 年的〈廟史〉、1948 年的〈重修衙前圍村天后宮捐助善信芳名〉錄及 1985 年的〈重修天后宮樂助芳名〉碑。如今，村民仍奉天后宮內的天后為守護神，四時拜祭，並於每年天后誕舉行酬神慶典，至今相傳不改。

天后宮前的石舂

天后宮門外右首石獅下有石座，呈柱狀，正面陰刻「天后宮，弟子吳朝高，乾隆二十八年（1763）」，柱頂呈碗形，中本空，今為英泥所填，據傳該碗狀物體原用以舂碎火藥。前清期間，為自衛計，村民置有線鎗土炮，以火藥發射。想其時的火藥，有於該物舂碎後，始裝填鎗炮內。

吳氏宗祠

吳氏宗祠，原位於衙前圍村西面，建於清光緒二十年（1894）孟冬，為一兩進三間式建築，用以崇祀吳氏先靈，並作為教育族內子孫之地。20 世紀末，因該區發展，舊祠遂被遷拆。新吳氏宗祠另建村後現址。

新吳氏宗祠為一新型的一間式建築，建於 1962 年，門楣上懸「吳氏宗祠」木額，門旁懸木聯云：「箕裘綿世澤，支派享延陵」。祠內仍奉祀吳氏列祖靈位。新宗祠旁為吳氏至德學校，建於 1961 年，為一新型小學，樓高四層，設備完善，曾為該區子弟教育場所。

結語

　　自陳、吳、李三姓先祖入遷衙邊鄉地域，創立衙前圍村，至今已六百五十年，其間陳氏部分族人分遷衙前塱村及西貢將軍澳村，李氏後人於近百年間亦陸續遷出衙前圍村。如今，該圍的原居民中，以吳姓族人居多，至今已約三十傳。

　　今衙前圍已被清拆，舊貌無存，惟門樓及圍內的天后宮仍聳立於石屎森林中，可作該圍的歷史見證。

客家文物

CHAPTER 07

客家服飾

客家服飾以中原文化為基礎，是結合徙遷地環境所發展出來的一種漢文化藝術形式，反映客家人勤勞、樸實的生活。客家先民把中原文化和風俗帶到嶺南，經過傳承及發展，創造出簡潔大方、舒適耐磨的客家服飾。

客家人的傳統服飾具有樸素、節儉、方便、實用、耐穿五個特點，顏色上屬於淡雅、素淨的冷灰色調。藍衫為客家人刻苦耐勞、勤儉節約的體現。製作藍衫的主要材料有芒布、葛布、棉布等。

客家普通家庭中，年輕女性喜歡穿着淺藍色、白色等明度較高的服飾，中老年女性則喜歡穿深藍色、黑色等低明度、低純度的服裝，顯得沉穩質樸。而男性傳統服飾的色彩則相對單一，不論老幼都只穿着不同明度的藍、灰、白、藏青色的服飾。

富裕家庭的服飾色彩比較豐富及鮮豔，材料方面多用繢、羅、綢、緞等絲綢織品的上乘面料，紅色、寶藍色等純度較高的色彩也很常見。兒童服飾的色彩多為高明度、低純度的粉色系列。在服裝的色彩及材料上，呈現出明顯的貧富之別，粗布麻衣多為貧民家庭所穿。襟頭及袖口處的織鑲裝飾，年輕人與老年人略有不同，年輕人的花樣較複雜漂亮，當中年輕女孩的衣服襟頭、鑲琨繡工明顯，從大襟頭領口繞經後頸沿，一直延伸至右前身片的小襟內，而老年人則只有前襟才有織鑲裝飾。

　　舊日，客家人多穿布鞋或木屐，喜歡帶冬頭帕及涼帽。男子日常穿着對襟衫，民國時期飾有黑緞質的裝飾繡片。婦女喜穿百褶裙，裙頭連接兩片大小相同的面料，中間交叉重疊，裙門兩側靠近裙頭處作同方向倒褶，裙頭兩段以白色棉布條繫束。配飾主要有釵、泡針、項圈、手鐲、鈴鐺串、百家鎖、襟掛、腰掛鏈等，多以白銀材料製作，頗為美觀。

　　肚兜為客家傳統女性及小孩所穿的內衣，又稱兜子、抱腹、心衣、袜胸，一般用一整塊布或綢緞造成，有方形、三角形、菱形等式樣，無袖子及後幅，遮蓋體前從胸骨到小腹的部位，有說為遮蓋胸腹部及陰部。四邊有帶子，上端的兩根帶子套在頸後，左右端的帶子則束於腰後。有些肚兜裝飾精美，上面繡上各種花鳥圖案。

客家花帶

　　客家婦女以勤勞儉樸見著，耕田、煮飯、打掃、縫紉一手包辦。因長期在田野勞動，服飾十分簡樸，衣料多為棉或麻，服飾多以藍、黑、白、灰等素色為主，因其易洗耐髒。不知從何時開始，客家婦女在這些素色衣服上，加上色彩鮮豔的帶子作為裝飾。這些親手編織的客家花帶，本只用單色絲線編織而成，然而一經客家婦女之手，卻能湊成圖案豐富的帶子。客家花帶本是客家婦女代代相傳的手藝，從不外傳。她們不張揚、不轉贈，珍而重之，甚至過世後也會隨之入土。據云此流傳逾二百年的客家文化，恐怕快將失傳。

　　客家婦女傳統服飾中的花帶，是素色服飾中美麗的點綴，也是婦女們引以為傲的手藝。在日間繁忙的田間勞作，以及回家後照顧家庭生活的重擔之下，晚飯後，客家婦女姊妹們，在家

一起編織花帶，成為生活中難得的閒暇時光。飯後歡談、穿針引線間，織就一條條美麗的花帶，是客家文化中難能可貴的傳統手藝。

客家花帶的顏色亦可以表示婦女的婚姻狀況，傳統上紅色代表已婚，偏綠色代表未婚。不同村落花帶的顏色及圖案都有其特色，透過花帶的顏色、圖案及編織手法，可知該客家婦女的來歷與祖籍。

此外，客家花帶的編織圖案也代表不同意思，其中一款類似凸出的種籽粒的模樣，形狀像夫妻二人各攬一小孩，被稱為「攬仔花」，這種圖案表現客家人之重視多子多孫，寄託新婚夫婦早生貴子的祝福。另外一款芝麻形狀圖案，稱為「麻子花」，取「芝麻開花節節高」之意，象徵百子千孫。

花帶可為客家婦女平凡的生活點染色彩，用作添丁場合的叫「丁帶」，新婚燕爾用的則稱「拉櫃帶」。涼帽、圍身裙及頭帕等皆可用花帶作裝飾，為客家婦女的素色衣裳添抹一分絢麗色彩。至於物料，最原始的有麻和綿，亦有真絲，普遍車衣用的絲綿線，也可用以編織。

客家涼帽

客家涼帽，在客家地區（惠州、梅州、深圳、鳳崗）稱「笠嫲」，別稱蘇公笠、蘇帽遮、竹笠、涼笠，採用薄竹篾片及麥稈，夾以寬大的箬竹葉編

客家涼帽

製而成，外形呈斗笠狀，帽簷四周縫有輕飄的褶疊寬黑紗或黑布條，順着帽簷自然下垂。客家涼帽最早是客家婦女所戴用，款式簡潔大方，環保輕便，防雨、防塵、防曬，同時兼具飄逸瀟灑之感。

客家涼帽的起源可追溯到唐朝末年，其時，居住於中原地區的百姓，為躲避戰亂及天災，紛紛遷徙到南方廣東、江西、福建

等山區。客家婦女為避免拋頭露面，把一塊黑布罩在頭笠上，遮住自己的面孔，只留下兩個洞以免遮擋視線，後又將布條縫製在斗笠四周。

另一說法是客家涼帽即蘇公笠，相傳北宋蘇東坡被貶惠州時，有一天見愛妾王朝雲頂着烈日，在花園打理花草，為使愛妾不受日曬雨淋，他就在當地竹笠頂部的中間開一孔，以適應頭上髮髻。人們紛紛效仿，遂成後世的客家涼帽。清人梁紹壬《兩般秋雨庵隨筆》記載：「惠州嘉應婦女多戴笠，笠周圍綴以綢帛，以遮風日，名曰蘇公笠。」

涼帽外形有「尖項篤（尾）」與「圓頂笠」之分。尖項篤竹笠主要流行於豐順、揭西、陸河、饒平等地；圓頂涼帽則主要流行於梅縣、興寧、蕉嶺、平遠、大埔等地，後者為男女老少所通用。涼帽具有耐高溫、耐磨等優點。可在田頭地尾農作時用以御暑，亦可遮陽避雨，抵禦嚴寒，是客家人從事室外勞動或旅行上路的必備工具。

客家婦女的圓頂涼帽是用薄薄的篾片、麥稈或漂白的棕葉編織而成。這種斗笠外形頗似平坦的竹編米篩，圓形、平面、直徑五十厘米左右，頂部中間直徑十厘米鏤空，形同斗笠圈，頂部縫有布，有些還繡上梅花等紋飾，邊沿周圍垂掛五寸來長的褶疊均勻的布巾，有黑色、藍色、白色或花色。潮汕的涼帽，除揭西客家人的圓頂笠、軍笠及學生笠外，老百姓用的都為尖頂竹笠。深圳客家涼帽按地區分為甘坑涼帽及大鵬涼帽，甘坑涼帽帽簾為黑

色，大鵬涼帽帽簾為藍色。

客家涼帽的垂布顏色可用以區分戴帽者是未婚還是已婚。未婚女孩的涼帽花帶花穗為白色，已婚少婦的花帶花穗為紅色，中老年婦女多用青色、黑色或紅綠黑雜色。女孩子出門、趕集，都是拿白色穗帶涼帽，絕不拿其他顏色的，哪怕是母親的或臨時戴一下，寧可不戴，也不讓人誤會。涼帽既輕便又可遮陽光、防雨、防塵，垂布隨着身體擺動飄舞搖擺，招來悠悠涼風，涼爽宜人，因此世代相傳，一直流行至今。

客家婦女的圓頂涼帽

客家頭帕

　　頭帕為一小塊方形素巾，又叫頭裙、冬頭帕、遮頭帕、遮頭圍裙。據史料記載，唐末及兩宋時期，中原戰亂，南遷的客家先民將優秀的中原文化藝術及人情風俗，帶到閩粵贛地，並與當地土著風情文化不斷交融，形成由中原文化藝術元素為基礎變化發展而來的文化藝術形式。

　　有學者研究指出，客家人從相對開闊乾燥的北方平原，遷移至多雨潮濕的南方贛南丘陵地帶，贛南地處亞熱帶季風型氣候區，雨量充沛，室內常年較為陰濕。早期，贛南客家婦女由於主要在家操持家務，日久身體受濕氣影響較大，常有頭疼、風濕等症狀。為了禦寒防濕，頭帕遂成為不可缺少的服飾。清人黃遵憲筆下梅縣婦女的形象即是「蓬頭赤足，帕首裙身」。《石窟一徵‧禮俗》載：「俗婦女冬日帶帕，帕皆青布為之。」

客家頭帕

　　初期的頭帕由披肩、絲帶兩部分組成，後因南方晝夜溫差大、潮濕天氣長，客家婦女便在製作絲帶的工藝基礎上發明了護額，遂形成今天由披肩、護額、絲帶三部分組成的巾帕。護額的增加，令簡樸的頭帕式樣更有層次，線條更為豐富精緻，並更保暖。

　　頭帕的披肩是中間最寬的部分，由紅褐、黑、白三色相間，稱作帕心，帕心部分根據喜好織成祈福、生活用具、動植物、文字紋樣等各式圖案。幫帕為兩邊對稱的更窄的部分，以白色為主，其間點綴些許紅色，統一織成流水線狀。護額俗稱扎頭子、大扎頭，使巾帕式樣更有層次，線條更為豐富精緻，並加強保暖防濕的作用。絲帶俗稱帶子、小扎頭，主要用以固定披肩，加之其飄逸的線條感，佩戴時更顯得柔美。

　　客家婦女的頭帕多為藍色，也有草綠色、黑色，製作精美，四周飾以花邊，中間用彩色絲線刺繡花鳥圖案。用約二指寬的白

布、紅布或花布縫邊，一邊的兩角釘上一指寬的彩色帶子。布帕、帶子的顏色及花樣，年輕人趨於鮮豔，中老年人趨於樸素。使用時，將布帕折成三角船形，包紮在頭上，或只束在髮髻上，用寬布帶子繞頭紮緊，形成一個小帽簷及彩色頭箍，有似船形，可以遮陽擋風避雨、抗曬禦寒防塵，保護頭髮，防止雜草、塵土落在頭上，又可作為裝飾；繫在胸前，可作圍裙用，幹活時防髒；赴墟購物時，可用來包裹小物；冬季或坐月子時，可用以包頭，防止受涼，是女子出嫁時必備的嫁妝。

頭帕的形狀及大小，各地不一，梅縣、蕉嶺等地為正方形，平遠等地則為長方形。就整個梅州而言，各地習俗略有差異，有些地區的婦女整年都有帶頭帕的習慣。顏色方面，梅縣婦女年長者多用青色，年輕者多用藍色，鑲上白邊。舊時梅縣西陽、白宮一帶婦女的頭裙帕，皆為藍布，鑲白邊，做工精緻，當作頭帕紮起時，就似一頂特製的帽子。它與畲族婦女的頭帕頗為相似，是北方頭巾文化的延續，也是贛南本土文化的重要代表，在粵東地區最為常見。

客家蓑衣

客家蓑衣，用草編織成，中國南方多用稻草、蓑草，也有用棕毛、棕葉製作，稱為棕衣；北方多用茅草，即龍鬚草，也有用蒲草者。一般製成上衣與下裙兩塊，穿在身上，與頭上的竹笠配合使用，用以遮雨。穿這種雨具勞動十分方便。

客家蓑衣

古人最早使用的原始雨衣叫襏襫，後來通稱蓑衣。《國語‧齊語‧管仲對桓公以霸術》提到：「脫衣就功，首戴茅蒲，身衣襏襫，霑體塗足，暴其髮膚，盡其四肢之敏，以從事於田野。」

這是齊國農民在雨天做農活時的裝束。清郝懿行《證俗文》載：「案襏襫，農家以御雨，即今蓑衣。」

蓑衣不僅可擋雨，且能空出雙手幹活。不只是農民在雨天時喜歡穿，漁夫雨雪天垂釣時也經常披戴。晚唐詩人鄭谷〈雪中偶題〉寫道：「江上晚來堪畫處，漁人披得一蓑歸。」陸龜蒙〈奉和襲美添漁具五篇·蓑衣〉詩稱：「山前度微雨，不廢小澗漁。上有青襏襫，下有新腒疏。」明徐光啟《農政全書》中載當時一流行諺語：「上風皇，下風隘，無蓑衣，莫出外。」不少古畫中，蓑衣都是魚翁必置的裝備。明清時，雨季出行者亦大多帶有蓑衣。

頭戴竹笠，身披蓑衣，在風雨中勞作的情景，一直延續到20世紀中葉。隨着化纖產品的出現，現代化雨布、雨衣、雨披等投入使用，逐漸結束了蓑衣的歷史使命，蓑衣轉而成為旅遊紀念品及室內裝飾品。蓑衣及竹笠合併立於田間，可驅趕破壞農作物的鳥獸。客家人建造新房子，到上樑時，正廳中間的正樑定會用蓑衣包裹，認為只要如此，家運定會飛黃騰達。

客家草鞋

草鞋古稱扉、跂蹻，或稱草屨，又名草履、芒履、芒鞋，是用草繩編成的涼鞋。由於材料價格低廉，故為古代老百姓常穿的鞋子。

草鞋在中國起源很早，歷史久遠，相傳為黃帝臣子不則所創造。草鞋的編織材料分兩種：一是以干稻草為主，一是以麻及布為主。將稻草打軟後，在草鞋編織器上織成，先從鞋頭做起，邊做邊拉緊，做好鞋底，用布百做底，前頭做一個鞋鼻，左右各做兩個布耳，後邊布跟（俗稱鞋踭）留眼，用苧麻線紮好後，用布帶串起，編成網絡，如現代涼鞋狀，即可穿着。男女鞋樣相同。穿着時將麻繩綁好、拉緊，由於鞋子用稻草做，質地較硬，新穿時會使腳板起泡。

草鞋是中國山區居民自古以來的傳統勞動用鞋，無論男女老

客家草鞋

幼，凡下地幹活、上山砍柴、伐木、採藥、狩獵等，不分晴雨，多普遍穿着，相沿成習。居喪時所穿的草鞋稱苴屨，用芒草編者稱芒鞋。

草鞋利水，又透氣、輕便、柔軟、防滑，而且十分廉宜，還有按摩保健作用。特別是夏天走長路，穿上草鞋清爽涼快，軟硬適中，步履敏捷，兩腳生風，給人一種愜意感；雨天穿時，既透水，又防滑；冬雪天內穿一雙棕襪子，外套滿耳子草鞋，既保暖，又防滑，如遇路面結冰，可套上鐵製的腳碼子。直至 1950 年代初，草鞋才漸漸淡出老百姓的生活。

　　木屐簡稱屐，其名來自中古音屐屟，為一種最常在室外穿着的兩齒木底鞋，前部釘上一片屐皮，屐皮用帆布、棕、皮革等。穿木屐屬中原風俗，起源甚早，漢朝時期尤其普遍，為常見服飾，女性出嫁時，會穿上彩色屐皮的木屐。

　　晉朝時，木屐有男方女圓之分。五代梁朝貴族也常穿高齒屐。劉宋時，貴族為節儉也會穿着木屐。杜牧〈與池州李使君書〉云：「僕與足下，齒同而道不同」。《石窟一征・禮俗》中載：「俗以包木作屐，幫用牛皮，塗以朱漆，男女皆着之。」西晉末永嘉之亂後，中原漢人紛紛南遷，穿木屐的文化相繼傳入粵東客家地區。舊時粵東客家人常穿木屐，主要是因為該地處亞熱帶氣候，夏長冬短，氣溫高，雨季長，春夏間高溫潮濕，酷暑間常有急雨，穿着木屐可避濕，適合南方雨天。

木屐由木板與木屐帶（屐皮）結合而成，木板多用桐木或其他雜木劈成，底面多有屐齒，相當於原始的高跟鞋。幽深小巷中，穿上木屐，走起路來咯咯作響，腳與地面隔出一段距離，濕氣也不那麼容易入侵。雨天便於泥上行走。若是洗澡後穿上，腳板較容易乾，尤其適合於夏季納涼。

木屐底面裝上四個鐵釘，可使屐板耐磨、防滑。相傳，從前有客家農民，為在水田插秧時雙腳不往下沉，便在較大的屐板上穿繩帶，行走時用腳趾鉤住繩帶，稱田木屐。這種田木屐被認為是後來木屐的雛形。現在木屐屐面上的花樣愈來愈多，屐底卻愈來愈單調，有等且無屐齒，愈加遠離木屐本身，而近似於木底涼拖。

舊時木屐式樣以顏色區分，原木色者為白胚屐，上漆者為漆屐。漆花木屐為婦女隨嫁物之一。供女人穿者，還有紅、橙等顏色，亦有繪上花卉及其他圖案的油彩屐。以形款分，帛屐的鞋面用帛製成；牛皮屐用一小塊皮革或橡皮釘於前沿；棕屐用棕繩編成；布屐俗稱船頭屐，因其前沿翹起如船頭而得名。

20 世紀五六十年代，客家人仍多穿木屐，木屐既防水耐用，又美觀大方。城鎮多有專營木屐生意的店舖，生意興隆。有的木屐會刷上油漆，男士穿黑色木屐，婦女則穿帶花木屐。隨着製鞋業的發展，各式海綿、泡沫拖鞋漸漸取替了木屐。惟近年，又有不少客家人恢復穿着木屐，據喜愛穿着木屐者說：「春夏期間穿木屐，既乾爽又涼快，走路時不會像穿拖鞋那樣容易把濕沙

拖起，濺污褲子，同時不會因潮濕而患上腳皮膚病（俗稱「香港腳」），在春夏多雨的季節更顯出許多好處。」

水車

水車分高車與龍骨車兩種，為客家農村一種科學灌溉用具。

高車又叫筒車，由木質車軸支架、藤輪箍、篾織葉片等組成，大的直徑有十幾米，小的也有三至五米，直立於河溪旁以石築起的隘上，受從上游流來的水沖擊而轉動，其形狀如一隻巨大的雙層車輪，由軸心安插並排軸

高車

條，向外輻射，輪沿裝葉板，以利水流沖推，並等距離斜掛長方形水斗或竹筒。當引水溝的水流沖動車輪葉時，水斗也同時有水

注進，車輪轉動，將一斗斗水提升至頂高，然後傾入水槽，匯成一股源源不斷的渠流，晝夜不停地灌溉農田。有的大水車能夠灌溉三四百畝農田，如果四五輛組合在一起連用，還可灌溉上千畝良田。

龍骨車為木製水車，主要用於抗旱。其水槽中有一長串木製葉，以脊椎狀木樺連接，因似龍骨，故名。龍骨車可分為腳踏水車和手搖水車。腳踏水車有腳手架，一般是兩人扶立架上，用腳踩踏車頭轉輪齒上的木墩，車頭轉輪滾動，中間木齒輪牽動龍骨，節節葉片將水壓入水槽，再帶上車頭流出。腳踏水車多用於較平坦的盆地和土段田；手搖水車只在車頭裝上搖把，較小較輕，撤裝簡便，多用於山壟田。

龍骨車

打穀斗與脫粒機

脫粒又稱打穀，一般以脫粒機或穀斗來操作。

打穀斗靠人力，穀斗呈梯形，上口大，使用時要將穀斗四周用簾布或穀答圍好，防止脫粒的稻穀飛濺；一般是兩人同時使用，將禾稻在斗中摔打，以脫穀粒。

脫粒機靠人腳踩帶動輪軸使其轉動，輪軸上均勻地佈滿彎曲的鐵絲，利用鐵絲與稻穀的接觸來脫粒，這種脫粒方式較為省力。

脫粒機

打穀斗

揚穀風車

舊時，農村常用風車揚穀，方法是將經過穀礱研磨而分離的穀米倒入風車中，用風力使穀殼與米粒徹底分離。

風車用木做，正面有大小泄口各一及一根彎曲的鐵搖臂，後面是排風出口，上面有一大漏斗，圓大腹內有多片環狀風頁，軸心連着搖臂。每年夏秋兩造稻穀收割時，農人會將一大竹籮稻穀提上肩，繼而將之倒進漏斗裏，搖動風車搖臂，經風頁吹過的稻穀便從泄口流下。風車後面的排風口，會揚起一陣陣夾着稻草屑的涼風。

揚穀風車

※ 客家作業與風俗

CHAPTER 08

榨油

每年立冬榨油開工日，榨油坊師傅會帶領榨工及在場榨油客戶，點亮蠟燭，燃起紅香，虔誠地在祖師（趙公）神位面前，三跪九叩，虔請神靈降臨「指導」一年的榨油工事。

榨油時首先將花生焙乾，然後投入碾盤碾碎。碾盤多由水車帶動，構件由木材製成。花生碾成粉末後，再用木甑蒸熟，然後將其填入以稻草墊底的圓形鐵箍中，壓成胚餅，再將胚餅裝入油槽。

客家手工榨油坊的「主機」為一根粗長的、以整條長木鑿成的油槽木，長約五米餘，切面直徑約一米，長木中心鑿一長約兩米、寬約半米的油槽。首先將油胚餅填裝在油槽裏。開榨時，在榨槽裝上木楔，掌錘師傅執着懸吊在空中的撞錘，唱着節奏性特強的山歌，在兩名助手榨工的和應下，將撞錘撞到油槽中的木楔

上，於是，被擠榨的油胚餅便流出一縷縷金黃色的清油。民間稱之為土榨。

香港新界新田大夫第內，仍存榨油用的油槽木，可供研究。

榨油

《天工開物·膏液》載：

（榨油）凡榨木巨者，圍必合抱，而中空之。其木樟為上，檀與杞次之。此三木者脈理循環結長，非有縱直文。故竭力揮椎，實尖其中，而兩頭無釁拆之患。他木有縱文者，不可為也。中土江北少合抱木者，則取四根合併為之，鐵箍裹定，橫栓串合而空其中，以受諸質，則散木有完木之用也。凡開榨，空中其量隨木大小，大者受一石有餘，小者受五斗不足。凡開榨，闊中鑿劃平槽一條，以宛鑿入中，削圓上下，下沿鑿一小孔，剧一小槽，使油出之時流入承藉器中。其平槽約長三四尺，闊三四寸，視其身而為之，無定式也。實槽尖與枋唯檀木、柞子木兩者宜為之，他木無望焉。其尖過斤斧而不過刨，蓋欲其澀，不欲其滑，懼報轉也。撞木與受撞之尖，皆以鐵圈裹首，懼披散也。

181 ※

榨蔗製糖

　　廣東為重要產蔗地區，有白蔗、竹蔗出產。明清兩代榨蔗製糖業頗興盛。番禺、東莞、增城、陽春等地盛產白蔗，新安盛產竹蔗。18-19 世紀時，香港亦產竹蔗，惟產量少，只供本地消費。

　　蔗種於疏鬆的沙壤土，西貢北約、上水、打鼓嶺、廈村、大埔樟樹灘及大埔尾，都為蕉蔗之鄉。收穫季節時，村民會於村旁搭糖寮榨糖，數村合建糖坊，榨蔗煉糖工作於每年秋收後 11 月末始進行。冬時榨汁，濁而黑者為黑片糖，清而黃者為黃片糖，白者稱白沙糖。

榨蔗石磨及石地塘

　　榨蔗工具為石磨（石

絞），由兩大圓石輪合成，以軸心固定位置，豎於石地塘上，以牛拖石絞，榨出的蔗汁由渠管流入桶中，在寮內爐竈提煉成糖。榨蔗煉糖的祖師，北方為杜康娘娘，南方為馬鄧先師。蓋榨糖傳為馬氏所發明，惟於煮糖時加入石灰可煉成糖之法，則傳為鄧氏發現。

　　甘蔗可製糖，亦可作果品，其近根部處，糖分高，較甜，有紫紅色及青色兩種，冬天有吃熱蔗，亦有喝蔗漿（蔗汁）及竹蔗茅根水。此外，舊俗有以甘蔗送新婚夫婦為禮：新娘三朝歸寧回門，宴後女家必贈新夫婦連頭帶枝葉的甘蔗兩株，以示「有頭有尾」及「老頭甜」之意，近年因攜帶不便，已用蔗金利是取代。

　　香港種蔗面積少，以經營糖寮為副業，蔗農採分賬式，亦有用收購的方式。所獲甘蔗，多於本地自用，餘則運往墟市發售。19世紀末，因夏威夷及印尼新品種甘蔗的引入、太古糖廠實行現代化生產、本地農民的保守態度，以及鄰近珠三角肥沃土地生產的威脅，香港榨糖業逐漸式微。

　　香港新界鄉村路旁，仍存不少石磨可供研究。

種茶（山茶）

　　清屈大均《廣東新語·食語茶》記載：「新安杯渡山絕壁，有類蒙山茶，烹之作幽蘭茉莉氣，水濯十餘次，甘芳愈勝。」嘉慶《新安縣志·輿地二物產》載：「茶產邑中者甚夥，其出於杯渡山絕壁上者，有類蒙山茶。烹之作幽蘭茉莉氣。緣山勢高，得霧露以滋潤之故，味益甘芳，但不易得耳。若鳳凰山之鳳凰茶，擔竿山之擔竿茶，消食退熱；以及竹仔林之清明茶，亦邑中之最著者也。」

　　蒙山茶亦稱蒙頂茶，產於四川西蒙頂山，唐代開始成為朝廷貢茶。唐黎陽王曾在〈蒙山白雲岩茶詩〉贊曰：「若教陸羽持公論，應是人間第一茶。」香港有堪與相比的類蒙山茶。清光緒《廣州府志·輿地略·八木類》則將這種產於杯渡山絕壁上的茶稱為新安茶。

除杯渡山外，據清嘉慶《新安縣志·山水略》載，大帽山與大嶼山的鳳凰山，亦為古代香港產茶之地。縣志記載大帽山「多產茶」，而鳳凰山更有富含傳奇色彩的「神茶」，該志籍載：「鳳凰山……中有神茶一株，能消食退暑，但不可多得，土人於清明日上山采之，名曰鳳凰茶。」大帽山今日依然遺有大片茶園梯田遺跡。

　　香港山嶺地區的土壤，表土不太稀薄，可種植茶，稱山茶，其味強澀，有助消化、除熱氣。區內沿山坡等高線，北向避陽光處，以石塊築梯田，可種植茶，明清已頗著名。杯渡山有類蒙山茶；鳳凰山有鳳凰茶，味甘香；擔桿山有擔桿茶，消食退熱；竹仔林有清明茶；大帽山有雲霧茶；飛鵝嶺、西貢清水灣半島及斧頭洲北向草坡上，亦可種茶。此外，於高山岩石上，有紫貝天葵，亦可供飲用。

　　村民於山嶺地區種茶，產量甚少，收益屬太公所有，供祭祖及拜神之用。每年採茶四次，首次在農曆三月，稱明前茶。一、二次葉質嫩，茶質佳，三、四次葉品質略遜。昔日所產，除本地用外，亦有外銷。復界後，因稅重、土壤質量下降、人口增加、森林被燬，茶葉生產遂日漸減少。19世紀中葉後，受印度錫蘭產品的打擊、美國茶葉入口的箝制，以及日本綠茶的傾銷，該業沒落，後只自用而不外銷。

　　雖然今日香港已經不再生產類蒙山茶及鳳凰茶，惟大嶼山昂坪茶園及大帽山北坡的嘉道理農場暨植物園，仍然維持小規模的

茶葉生產。

　　大嶼山昂坪茶園位於大嶼山昂坪，又稱貝納祺茶園，原為曾任香港市政局議員及革新會創會主席、著名的英皇御用大律師貝納祺於 1940 年代時，參照戰時曾到訪的緬甸茶葉種植場而開設。昂坪位處海拔四百五十公尺的高原，氣候多雨潮濕，常有雲霧，早晚溫差大，是香港少數適合種茶葉的地方。

　　該茶園面積達數十萬英呎，出產之茶葉名雲霧茶，因種茶葉之地長年雲霧繚繞而得名。該地所產之雲霧茶，於 1960 年代為最輝煌之時期，曾出口至英國、印度等地。其後於 1970-80 年代，受到成本上升及茶葉價格衝擊，茶園開始轉型，兼營本地遊客生意，包括跑馬場、餐廳及旅舍等業務。1990 年代後，本地旅行熱潮漸退，茶園經營更趨困難；加上貝納祺於 1996 年逝世，茶園於千禧初年停止營運。

　　茶園全盛時期，僱有四十多名員工，由於茶園位置偏僻，故需向員工提供住宿服務。如今棄置的馬場旁，仍存數間麻石砌築的白色平房，即前茶園員工宿舍及休息室，內有廁所及廚房。附近山坡上的貝納祺別墅，前身為佛門出家人的平房，大門上「覺蓮苑」三字仍保存至今。別墅依山而建，高兩層，屋頂上有煙囪。今天茶園風景依舊，山坡上仍可見到以前種下的茶樹，惟不少建築物已空置。

薯莨、藍靛、苧麻的種植

薯莨

薯莨為多年生野生藤本植物，山嶺間常見，廣東多有種植。其地下莖塊能取出紫紅色的稠密汁液，可用作棉麻織物的染料，塗在衣料上，經久耐穿且涼快易乾，稱作黑膠綢。提取方法是先將塊莖去皮，刨成絲狀，放入冷水攪拌，使色素滲出，再濾去渣滓。除製黑膠綢外，亦可用來染魚網。莖塊入藥，則可止血、活血、補血。

染魚網：舊日因魚網多為苧麻、黃麻等織成，薯莨汁能使其纖維柔軟，防腐耐用。昔日漁民會將薯莨根煮汁染網醬，使其柔軟耐用，並能吸引魚類聚集。《廣東新語・草語》有載：「薯莨，產北江者良。……紅者多膠液，漁人以染眾醬，使苧麻爽勁，既利水，又耐鹹潮，不易腐。而薯莨膠液本紅，見水則黑，諸魚

屬火而喜水，水之色黑，故與魚性相得，眾罾使黑，則諸魚望之而聚云。」

製黑膠綢：黑膠綢為一種服裝布料，又名薯良綢或莨綢，其中有精美花紋者稱莨紗。因質地柔軟爽滑，穿着時有微響聲，亦稱響雲紗（諧音「香雲紗」）。明初，廣東西樵山已有黑膠綢生產及出口。20 世紀 30-40 年代，以佛山、順德等地尤為盛行。嶺南一些蠶絲產區亦有生產，多為手工操作。

其生產為將絲綢放入梳打水煮沸，除脂肪後攤開，以熱薯莨汁塗其上，繼浸染多次，至綢面變紅，再以塘泥打碎成漿，塗其表面，放在特定的草地上，反覆曝曬乾，是為曬莨。曬乾後，沖洗乾淨表面塘泥。此時綢面成黑色，油潤烏亮，綢底呈棕紅色或土黃色，黑膠綢一名即由此而來。

昔日香港新界年長的村民及沿海地區的漁民，夏天常穿黑膠綢布料服裝，黑膠綢色深黑，質地輕薄，涼爽透氣，易洗快乾，且不黏肌膚。二戰後，人造纖維普及，黑膠綢因手工操作複雜，成本高，不易大量生產，故逐漸式微。

藍靛

昔日香港新界村民常穿青藍色或黑色衣服，主要染料為藍靛、馬藍及蓼藍。

藍靛俗稱藍澱，本野生，後栽種作為染料，昔日廣東甚為普遍。提取方法是在其開花前，割下其莖，浸於水中，攪動使其氧

化，發酵後撈去枝葉，藍料溶水中後，加入石灰，置一兩日，待藍料沉澱，取出風乾便成。因其為沉澱而得，故名澱；因其色青藍，故稱藍。近年野生藍靛已不多見。

馬藍（大藍）生於野樹下較潮濕地區。提取方法是將樹葉切碎，置大鍋煮十多小時，可成藍料。或於水坑邊挖一大洞，放水入洞，將大藍放入，浸十多天，繼將莖部取出，將葉打碎，繼放布入水中，浸一晝夜，布遂染成藍色。蓼藍生長於較濕潤的荒地，亦可染布，惟野生的較前兩者少。

如今，以藍靛、馬藍或蓼藍作為染料已日漸式微，西貢榕樹澳山嶺大藍蓋（又名藍山、南山）、沙田的大藍寮、蠔涌的大藍湖村疑為舊日栽種之地。

苧麻

苧麻廣泛種植於長江以南各省。廣州府的新會、新安、增城，韶關府的翁源，以及肇慶府的陽春等地皆有種植。苧麻莖部表皮纖維長，堅韌柔滑，剝取後浸水中，俟綠質腐脫，劈之成絲，製線織布。其布吸濕，散熱，根可入藥。

香港新界昔日亦有種植苧麻。村民剝麻紡紗後，會交外來工匠編織成布。工匠多為梅縣、興寧等地的客人，每年 10 月秋收後會攜帶輕便可摺合的織布機，到鄉間代織麻布，並代漂染。產品主要為苧麻布及蚊帳，中以黑色及藍色最為普遍。20 世紀初，因各式機織洋布的輸入，種苧麻織布的行業遂被淘汰。

樟樹、榕樹、伯公樹

樟樹

樟樹別名香樟、本樟、鳥樟、栳樟、樟仔，屬於樟科，是常綠大喬木。古代多稱豫章，在宮廷、殿堂、寺廟、庭院及村舍附近廣為種植。樟樹木材上多有紋章，所以在「章」字旁加木字，因而得名。《本草綱目》記載：「其木理多文章，故謂之樟。」另一說法是其有香味，類似會發散香氣的動物「獐」而得名。

樟樹

漢代《述異記》記載：「武帝寶鼎二年，立豫章宮於昆明池，中做豫章殿」，用樟木建造宮殿，可見其身價非凡。唐白居易有詩云：「豫章生深山，七年而後知」，所說的豫章也是樟樹。樟樹材質輕軟，老株才顯得堅重，一般供作建築、雕刻，也會用來製造農具或箱櫃等家具。

清朝時，客家人多採樟「焗腦」，其法為將樟樹砍下，用鋒子刨成薄片，放入炊桶之中，以熱水蒸氣將樟腦焗出。樟腦的產品成為了客家人的經濟產業，用途甚廣：樹材經蒸餾後，可製成樟腦油及樟腦丸，有強心、解熱及殺蟲之效；種子可榨出油臘，供各種用途；將枝葉以酒煎服，可治療消化不良，另外以水加汁，更能用來洗滌腳氣，治療疥癬、風癢等。樟樹的樹冠大，可給村民遮蔭乘涼，是整個村的代表，以前村民都會在樟樹下聚集。樟樹亦可栽培為防風樹、行道樹及園景樹等。

樟樹在客家人村落有着獨特的含意：每當家中有女嬰誕生，村民便會替她在家門附近新種一棵樟樹。隨着樟樹愈生愈高，表示家中女子已經長大，可以出嫁。當家中女子出嫁時，家人會把樟樹砍下，以其木材製造一個樟木櫃，作為嫁妝，陪伴她出嫁。

榕樹

客家人習俗，喜歡種植榕樹及竹子，並多把榕樹種植於村前屋前，竹子則種植於村後屋後，俗謂「前榕後竹」。閩粵客家人視榕樹為神樹，客家人認為「榕」意思為「容」，既能容己，

榕樹

又能容人。榕樹具有頑強的生命力，不管天氣如何惡劣，皆能終年四季長青，象徵茂盛與長壽。因榕樹的枝幹上生長着很多飄浮的氣根，這些氣根一旦着地便會生根，繼而會長出枝葉，又形成一棵新小榕樹。日久，該地就會獨木成林，形成古榕奇觀。因此，客家人都會在村中栽種榕樹，既可作為美觀景物，又可遮陰擋雨，使發展成村民活動場地。

伯公樹

在客家人居住的村頭莊尾、田間路旁、山邊河畔，或水流湍急的溪邊，常有一棵高大濃密的樹，樹腳有一矮小的土神龕，或為一塊石碑或木牌，或為一塊石頭，甚至只於樹上貼上一張紅紙，前置香爐，在香爐裏或地上插幾炷香，那裏所供奉的便是客家人的守護神，客家人稱之為伯公。這棵大樹就稱為伯公樹。有學者認為，此與古代對樹的崇拜有關。客家地區有「伯公樹無人敢斬伐」之說。

俗以伯公守護一村或數戶人家，又或一小片農田。中國自古以農立國，有土地才能生長農作物，有農作物才能生存，人們對土地產生感恩之心，因此把土地視為神明來崇拜。逢年過節，大

家都會給各處伯公上香、敬茶，辦三牲、果品敬祀。而在伯公的背後，通常都伴有一棵高大濃密的大樹，以顯其靈氣。

伯公樹

盆菜、九大簋

盆菜

盆菜原為流行於廣東省新安縣（今香港新界及深圳）一帶的一種流行飲食習俗。俗以木盆盛菜，一桌用一木盆，一張方形的八仙桌，四張長橋櫈，八人一桌，俗稱吃盆（菜）。

所謂盆菜，即以盆盛放雜錦菜餚。底部一般為蘿蔔或大白菜，然後放白豬肉，中層為竹筍、蠔豉、髮菜、鹵鵝、魚丸、豬皮等，最頂層則鋪滿白切雞或燒乳豬。每桌一盆，最易吸收餚汁的材料，通常放在下面。傳統盆菜以木盆裝載，現時則多改用鋁或不銹盆，餐廳則有採用砂鍋，可以隨時加熱，兼有火鍋特色。吃時每圍一盆，一層一層地吃下去，汁液交融，味道馥郁誘人。

據傳云，吃盆菜的風俗源於南宋末年，宋軍戰敗，倉皇南逃，宋帝趙昰及其弟趙昺一行於九龍官富（場）處，飢寒交迫。

村民得知後，傾其所有，把剩餘的飯菜一起倒在盆內，另烹一些魚蝦蠔，宰一些雞鴨等，層層鋪在上面，以此招待宋帝一行。及後，每逢歡宴，村民多仿照這形式宴客，以資紀念。現今一些港澳及海外僑胞歸鄉時，仍以盆菜招待親友，以寄託鄉土之情。

另有一說，據云：宋末文天祥部隊被元兵追殺時，狼狽逃至深圳地區，隨身只有帶備米糕，缺乏菜餚。深圳地區的船家遂以自己儲備的豬肉、蘿蔔，加上捕獲的魚蝦等，為其烹食。因船上沒有足夠碗碟盛載食物，只好用木盆盛載。

盆菜看似粗簡，烹飪方法卻十分考究，分別要經過煎、炸、燒、煮、燜、鹵後，再層層裝盆而成。其吃法亦符合中國人傳統的宗親法度，一桌食客吃一盆菜，寓意團圓，一派祥瑞氣象。大家手持筷子，在盆中不停翻找，情趣盎然，而且愈是在盆深處的菜，味道愈鮮美。香港新界圍村把盆菜稱為圍村（頭）菜，作為當地招牌菜，向外推介。

九大簋

簋，原指古代一種放置食物的器皿。其形狀或方或圓，有木製、竹製、陶製及銅製。原為古代貴族食器或祭器，後來漸漸流傳到民間。廣東民間有「九大簋」之說。

九大簋，即以九個大簋裝載食物，以示筵席的豐盛。古時祭祀，常言二簋、四簋、八簋，唯粵港澳一帶慣稱盛宴為九大簋。在「九」與「簋」之間增加「大」字，不但言其多，且含豐盛、

隆重之意。據廣東三水金本鎮一座東漢前期古墓的出土物來看，粵人所言之簋，為可裝五六斤米飯的大碗。按今人的食量，九大簋所盛的食物，可供百多人享用，可見其規模之大、規格之高。

二戰前，常見的九大簋筵席有喜酌、暖堂酌、開燈酒、壽酌等多種。喜酌是迎親正日舉辦的筵席，每桌菜餚為九式（碗），稱喜酌九大簋；暖堂酌是新婚夫婦交杯之宴，人稱「高頭五樹四如意」，通稱暖堂九大簋；開燈酒又名開燈宴，為生子後「掛燈」的喜宴，每席菜餚九碗，也稱開燈九大簋；壽酌是慶賀壽誕之宴，「九」與「久」音同，取其「長長久久」的吉兆，每席菜餚有九品，謂之壽酌九大簋。此傳統禮俗，廣東人一直保留下來，惟因時代變遷，而有所改易。

如今，粵港澳一帶人士於宴客時，仍多習慣以九道菜式招待貴客，以表示主人之盛情款客，以及客人身份的尊貴。

客家上樑大吉習俗

新界居民所建的屋宇，多數為金字頂，一排屋多取單數，即三間五間七間之類；每屋分上下廳，除正中一間的上廳供奉祖先外，兩旁房屋皆住人。此種屋宇俗稱為三間兩廊式，因其正間對着天井，四邊瓦水匯流於此，經過一風水渠，然後流出屋外。全屋四周皆不開窗，只在大門左角開一小洞，以便狗隻出入。屋宇瓦面開有光窗，多明瓦，天窗用玻璃片造，取其三光之意，使屋內有光線透入，否則便會日夜不分。

建屋儀式複雜，第一要選擇地點及擇日，聘請風水先生開庚劃線，以定方向。如前山亂雜，就要移步換形，趨吉避凶。建屋的高度、天井放水、水樑作灶等，亦由風水先生安排指定。至於建屋的用料，富者用青磚砌牆，上蓋密棟密桷，瓦亦會加厚；貧者則用散石做地腳，再砌上自製的泥磚做牆，上蓋用較小之桁

桷，瓦亦較薄。

上樑為新屋建造最主要的一環，客家人對上樑十分重視。大樑要挑選一枝直而有八吋直徑大的上好東江杉木，刨好，然後髹上朱色油漆。大樑正中刻寫上「世代興隆」、「財丁興旺」、「世代書香」、「百子千孫」等吉祥語，亦有繪上八卦圖者。大樑正中會懸掛一幅紅布，兩邊懸掛筷子二紮、木尺一把、米升一個、錢袋一個、米穀袋各一個、柏及薑各一串，稱為掛龍。此舉寓意上樑大吉，日後安居樂業，豐衣足食，財源茂盛。

全部懸掛妥當後，吉日良辰一到，上樑儀式即告開始。首請宗族中一位德高望重、兒孫滿堂的長輩，以及喃嘸師傅主持。備設三牲醴酒，焚香秉燭。主持人一聲號令，眾人在鼓樂、鞭炮聲中把大樑抬入廳堂。接着，在唱誦聲中，木匠師傅開始澆酒祭樑，主持人高唱：「一盅酒，把樑頭，兒孫世代出公侯；二盅酒，把樑心，裔孫世代萬年興；三盅酒，把樑尾，裔孫世代做官回，大吉大利，萬代富貴！」

子孫們輪流上香後，喃嘸師傅稟神一番，邊唸經，邊拿生雞沿新正樑舉行拜神儀式，並將生雞拋過新樑。

祭樑後，眾人用紅布繫緊大樑兩端，泥水工人就會將樑升起，抬樑上屋脊。依照慣例，上樑先抬左端，後抬右端。看着大樑升起，主持人又高聲唱讚道：「吉日上樑，來日發財；世代興隆，富貴雙全。高升！高升！」繼燃放爆竹。

上新樑後，工人在男丁們手上接過印有「福祿壽」的紅巾掛

上新樑，再把兩個三角形的福包掛於新樑旁的「百子千孫」橫樑上，最後由村民將用來拜神的生雞送上山放生。喃嘸師傅把米、紅豆及綠豆分給男丁，男丁們再把米粒灑向將上新樑的房屋，並留下小量米粒帶回家，以求好運。在鞭炮聲、鼓樂聲及歡呼聲中，儀式始告完成。最後，主家依例設安樑宴慶賀，酬謝主持人、各方親友及幫工。

昔日的建築團隊，多數由有經驗的人組成，承建商為昔日的承行，其出身有師承，食師傅飯長大，精通各式各樣的建築技能，如建神廟就用神廟的特色規格，建祠堂就用祠堂規格，住家屋又分為本地圍及客家圍的規格，其宿度尺寸各有不同。如此專業，至今已失傳多時。

上契

　　客家人素有以子女上契他人的習俗。父母若見子女體弱多病，便會為其找個多子多福的契爺、契媽，認作乾親，俗稱上契；有因雙方感情要好，互認乾親，作為親戚，終生往來；更有攀附權貴，認有權勢者為契爺、契媽者。逢年過節，乾兒子及乾女兒皆往探望乾爹娘，非常熱鬧。

　　上契儀式簡單，會邀集親友飲宴慶賀。親友則賀以禮物或禮券，上書吉祥語，或送鏡屏作為賀禮。契爺、契媽給乾兒子或女兒起名，掛上「長命索」（以紅繩穿上一串古銅錢），富貴人家也會贈送刻有「長生保命」等字樣的銀鎖或金牌，或其他貴重的紀念物。

　　習俗舊有契清糞婦（倒屎婆）、乞丐婆或神靈者。舊俗認為，清糞婦工作骯髒，且婦女的糞塔，被認作可治鬼魔的「混元

崇文重教：香港新界客家歷史與文化

金斗」，故以為清糞婦具有幾分煞氣。過去人們迷信，怕孩子被邪魔侵擾而夭折，故以有煞氣的清糞婦為保護神，契之為乾娘，以保孩子健康成長。契乞丐婆者多為權貴的孩子，蓋恐孩子之富裕，會為邪魔妒忌。契神者多契觀音、天后、龍母、土地，亦有契關帝及文昌，欲獲神的庇佑，保兒女平安長壽、富貴、學業有成等。如果是契觀音，孩子便命名觀保、觀福、觀佑等，契天后便命名天保、天生、天福、天送、天養等。

香港新界地區多榕樹，根深葉茂，蔭蓋四野，受到各村居民敬奉，以其為風水樹神。按傳統習俗，有些家庭人丁單薄，獨生一位孩子，在孩子滿月時，就會向村中神壇社廟，或大樹（榕樹）伯公、石頭伯公等，祈禱上契。契大樹要選樹大根深的大榕樹，契名則以容字為首，如容生、容保、容福、容勝、容發等；契石頭伯公，就名石保、石福、石發、石壽、石養、石堅等。

等契仔到十一歲時，就做第一次生日，屆時敬備三牲醴酒，劏豬劏雞，到其上契地方，焚香秉燭，酬謝神恩，謂之曰「脫契」，然後廣宴親朋。如在十一歲時不舉行此等儀式，到長大成人，成家立室時，也要補行該等脫契儀式。男子做過十一歲生日後，要等到六十歲才再做第二次生日，屆時多數由兒輩具名請客，稱之為桃酌，意思即謂其有資格食壽桃。

女子則無此例，因在古老思想中，重男輕女，認為女人命賤，容易長大成人，毋須金包紙裹。故此也有人為初生男孩子改女名，替其穿耳朵、戴耳環，父親改稱亞叔、母親改稱亞嬸等。

此跡近迷信，但為着傳宗接代，祖宗香燈不滅，時人也會姑予一試。

但無論男女壽辰，都有等級之分，六十歲者為下壽，八十歲者為中壽，一百歲者為上壽，故此由六十歲至一百歲者的壽宴，如在酒樓設宴，必將包餃製成蟠桃狀，稱之為壽包。在鄉村擺酒者，一般村婦也會製造一些祝壽食品，但與酒樓所製者不同，一般酒樓多用麵粉製造，鄉村則用粘米與糯米混和，搓成粉團，加入紅粉，再分為小粉團，捏成窩形，放入餡料，埋口後放置於木刻壽桃印中，印成壽桃狀，用來拜神及分贈親友。

蕭國健作品集

策劃編輯　梁偉基

責任編輯　張軒誦

書籍設計　a_kun　陳朗思

書　　名	崇文重教：香港新界客家歷史與文化
著　　者	蕭國健
出　　版	三聯書店（香港）有限公司
	香港北角英皇道四九九號北角工業大廈二十樓
香港發行	香港聯合書刊物流有限公司
	香港新界荃灣德士古道二二〇一二四八號十六樓
印　　刷	美雅印刷製本有限公司
	香港九龍觀塘榮業街六號四樓 A 室
版　　次	二〇二四年一月香港第一版第一次印刷
規　　格	大三十二開（140×210mm）二一六面
國際書號	ISBN 978-962-04-5365-6